出世する人は一次会だけ参加します

会社人生を決める7つの選択

平康慶浩

日経プレミアシリーズ

プロローグ　出世のルールが変化する

ユニコーン『大迷惑』から考える、会社への忠誠心のゆくえ

社会人人生の成功が、「新卒で入った会社での出世」だけだった時代がある。出世したければ残業や転勤を断るな、と諭された時代だ。20年以上前に流行した『大迷惑』（ユニコーン）という歌では、単身赴任での転勤を断れないサラリーマンの悲哀を冗談っぽい怒りとともに唄っている。歌に出てくる「怪しい係長」がそうしたように、多くの大企業の人事部では「既婚」で「自宅を購入したばかり」の従業員をターゲットとして、あえて転勤させていた場合もあった。

忠誠心が出世の重要な要素だった時代だ。

リーダーシップや専門性よりもまず忠誠心。プライベートライフとはビジネスワークに従属するもので、滅私奉公の精神がなければ出世なんてできやしない。上司が残っているから、やる仕事もないけれど机の前に座って残業する。突然の飲みのお誘いはもちろん断らない。携帯電話がなかった時代だから、家族にすればいったい何時に帰ってくるのかがまったくわからない。ＮＴＴが「カエルコール」なんていうＣＭを流すまでは、帰宅時間を家族に連絡することすらまれだった時代だ。転勤や単身赴任を指示されれば黙って従うことがあたりまえ。仮に転勤を断ろうにも、今のように転職はあたりまえではなかったから、たちまち路頭に迷うことになる。「転職するような人は問題児」と見られる社会的風潮すらあったのだ。

ただし会社側のサポートも決して悪いものではなかった。サービス残業はあったものの残業代はそれなりに出た。ローンが厳しいから残業を増やしてください、と社員が言えばそれを受け入れる会社もあった。飲みの費用は上司がおごることが多かった。バブル前までは会社の経費でみんなが飲みに行くこともあたりまえだったし、管理職には経費枠もあった。一部の官公庁や大企業では就業時間が終わると同時に給湯室で一般職の女性が鍋の準備を始めて、毎日会社の中でビールがあけられることもひんぱんにあった。

転勤させるにしても独身者用、妻帯者用、単身赴任者用の住宅を会社の不動産として所有し、格安で住まわせてもいた。また当時は社会的に女性が専業主婦として家庭に入ることが一般的で、転勤についていくことで夫を支える「内助の功」ももてはやされた。そうして全国を行脚した最後には、生まれ故郷の支店に戻してあげる、という暗黙の了解もあった。

それらのサポートは1990年代の財務リストラ、人事リストラの中で消えていったのだけれど、会社への忠誠心はどうなったのだろう。会社側のサポートが消えていったのだから、忠誠心がなくても出世することはできるのだろうか。

「出世したければ転勤を断るな」は21世紀にも生きている

時代が変わり、女性の大半が専業主婦なんて風潮はもはやない。男性も女性もそれぞれのライフスタイル、ワークスタイルを持っている。では会社側はそんな変化にあわせて人事の仕組みを変革しているのだろうか。

ワーク・ライフ・バランスという言葉があらわれたのは2004年頃の厚生労働省による各種検討会での報告書だという説がある。プライベートライフとビジネスワークとを対等にバランスさせようという概念ではあるが、対応状況は企業によってまちまちだ。他にも残業問題や女性の社会進出などなど。先進的な取り組みをしている企業も増えているけれど、昭和の時代からあまり変わっていないような企業だってまだまだ多くある。

実際のところ、出世したければ転勤を断るな、という言葉は、時代が変わろうとも多くの会社で生きている。たとえば「限定正社員」という仕組みが普及し始めている。転勤ができない人や職種を変わりたくない人もちゃんと正社員として雇おうとする仕組みだ。ただし年収は普通の正社員よりも少し低くなる。仕事も今までやっていた総合職のものじゃなくて、ルートセールスとかルーチン事務などに転属させられることもある。もともと地域性の強い派遣社員や契約社員を正社員にする目的から検討されたが、育児や介護などのニーズに応えようとする目的もある仕組みだ。

しかし「限定正社員」制度の本質は「正社員は本来、会社都合で転勤ができて、職種も会社の要望にあわせて変えることがあたりまえ」という考え方をもとにしている点にある。だから「限定」なのだ。それは会社に対する忠誠心が今なお求められていることの証拠でもある。会社の命令に従って異動や転勤ができないのなら管理職にはなれません、給与もこれ以上は増えません、賞与配分も少ないですよ、だから異動や転勤を受け入れる方がいいですよ、という社内のルールは維持したまま、そこから外れている人も「限定」ではあるが正社員として雇用しましょう、という仕組みが「限定正社員」なのだ。

この本では、今なおこのような人事の考えと仕組みを採用している会社を「ロイヤリティ型」として定義する。

大手だけでなく中小企業にも多い「ロイヤリティ型企業」

あなたの会社がロイヤリティ型かどうかは簡単にわかる。次にあげる5つの質問に3つチェックがついたらその傾向が強いし、4つ以上だったらまず確定的だ。

□　毎日朝礼がある
□　昼休みの時間が決まっている
□　社員旅行などの全体行事が毎年ある
□　新卒採用を5年以上途切れず続けている

□「彼／彼女もそろそろ次の役職へ……」という言葉を聞いたことがある

ロイヤリティ型は大企業だけに多いわけではなく、中堅中小企業にも多い。オーナーシップが強く、経営者の思いが強いほど、従業員に対して忠誠心を求めるようになるからだ。そして経営者の思いは企業の大小には関係しない。

ロイヤリティ型の特徴は「経営層と従業員とが一体となり会社を成長させようとする点」にある。そのためロイヤリティ型の会社はメンバーシップ型雇用を前提とする。メンバーシップ型雇用というのは簡単に言えば、会社の仲間になれる人を採用する考え方だ。スキルがあるか、ということよりも、仲間にふさわしいかどうかを基準にする、ムラ社会的な考え方だ。

なぜあの社長は仕事のできる人間を不採用にするのか

だからロイヤリティ型の会社では採用時にはまずこの会社にふさわしい人材なのかどうかを判断する。極端な例では、採用面接を担当する現場が二重丸をつけた素晴らしい人材を、経営層や人事部の判断であっさりと落とすこともある。「たしかに仕事はできるかもしれない。けれどもうちにはふさわしくない」というような理由だ。

しかし一度正社員として入ってしまえばすべての従業員は仲間だ。仲間だからこそ可能な限り終身雇用を守ろうとするし、成長のチャンスも一律で与えようとする。

ただ残念なことに、環境変化がそれを許さなくなってきている。

業界内の競争が激しくなれば、人件費をはじめとする経費は圧縮したい。だから現状ではそれなりの年齢になっても、なかなか給与が増える管理職にはできなくなっている。採用に関しても、忠誠心を持ってくれそうな人だけを求めていたら人が集まらない。一方で社内の高齢化は進み、忠誠心はあるが結果を出さないしがみつき社員も増えてくる。

そんな中で、新しいルールを採用する会社も生まれてきている。それが次に定義する環境適応型の会社だ。

変化にあわせて生き延びようとする「環境適応型企業」

実は2005年から07年にかけて、企業側の人事判断が大きく変化した。たとえば転勤事情について調査した労務行政研究所の「国内転勤に関する取扱いの最新実態調査」を見てみよう。

この調査によると、2005年までは、「転勤に際して本人意向を重視する」企業は平均して20%もなかった。しかし07年以降急激に変化し、12年の調査ではなんと50%以上の企業で「本人意向を重視する」と回答している。


この変化の背景には、2種類の環境変化が大きく影響していると考えられる。

第一の事情は、介護と育児ニーズの高まりだ。かつては介護についての意識すら低い企業がほとんどで、会社が事情を理解することなく優秀な人が親の介護のために退職するということもあった。改善されつつはあるが、「介護離職」という言葉が今なお残っており、多くの企業は改善策を模索している。介護を理由として優秀な人材に退職されるよりは、なんとかひきとめたいという企業が増えてきているのだ。

また平均的な初出産年齢はじわじわと高まり続け、今や30歳を超えた。結果として、ちょうど脂ののった仕事ができる30代から40代にかけて育児を理由として転勤できない事情が増えているのだ。企業側もそれらの事情に対応しなければいけない状況となり、それが転勤に際しての本人意向確認としてあらわれている側面がある。

第二の事情は、少子化だ。若手社員に辞められると簡単に採用ができない状況になっている。前述の統計では300人以下の小さめの企業で本人意思を確認する傾向が強い。300人以下の企業の60％以上が転勤に際して本人意向を確認する。しかし大企業ではその割合は40％にまで減少する。このあたりの数値に、企業規模による「新卒採用力」の違いがあらわれているとみることができるだろう。

十分な新卒採用力がなければ、企業側視点での忠誠心の要求は難しい。それでなくとも中堅以下の企業では3年で30～50％が辞めると言われている時代だ。だからそういう会社ではロイヤリティ型の人事マネジメントから脱却しようと変革を進めている。そこでこの本ではこれらの企業を「環境適応型」と定義する。

「環境適応型企業」には、中途採用社員や派遣・契約社員が多い

自社が環境適応型に属するかどうかは、次の質問に答えてみてほしい。

□ 派遣／契約社員が増えている
□ 同じ役職だけれど役職名が変わったことがある
□ 中途採用の人の割合が30％を超えている
□ 人事評価制度の改定が5年以下おきくらいにある
□ オーナー家以外で、40代の役員がいる

もしチェックが3つついたら環境適応型の可能性が高く、4つ以上だとまずそうだと考えていいだろう。

会社が生き残るために変化に対応する。それは法的に定められた人格を持つ会社という組織が命を持つのであれば、当然の選択だ。

ただ、環境適応型にも多くの段階がある。個別の変化にその都度対応していこうとする段階から、それらを組み合わせてメッセージ性を強める段階、そして総合的に変革することで徹底した変化対応を進める段階だ。変化の度合いが小さければ個別対応でもなんとか生き残ることはできるが、たとえば業界再編が起きているような厳しい状況ではそれでは間に合わ

ない。そういった環境にあわせて適応を志向する会社は大企業に多い。

そうして変化対応を進めていったのちにたどり着く先がある。日本以外の諸外国で一般的な企業タイプだ。この本では「自立型」として定義する。

会議が短く、社内飲み会が少ない「自立型企業」

もしあなたが働いている会社が自立型であれば、次の5つの質問のうち、3つ以上にはチェックがつくだろう。

- □ 会議の時間が短い
- □ 〝出戻り社員〟（一度転職などで社外に出てまた戻った社員）がいる
- □ 出社と退社時間のルールがゆるいか存在しない
- □ 社内で出会った人への挨拶が頻繁に行われる
- □ 会社の飲み会が少ない

会議が短い、ということは、会議の目的がはっきりしているということだ。そして効率性を重視しているということでもある。自立型でない企業の場合、会議が6時間、8時間、10時間続くことすらある。議論が沸騰しているのならよいが、内情は社長がずっと怒鳴り続けて、その後沈黙が続くということが大半だ。このような傾向は会議だけではなく、研修でも見られる。終了時間を定めず徹夜してでも課題を解決させるような研修は、受講した従業員の生産性を引き下げるだけでなく、非効率な業務遂行の社風すら作ってしまう。要は、残業することが偉いという社風を作ってしまうが、自立型ではそうではない。

〝出戻り社員〟がいるということは、その社員が会社に対する愛社精神を持っているということだ。ロイヤリティ型企業の特徴である「忠誠心」と、ここで言う「愛社精神」とは違う。忠誠心が滅私奉公的要素を持つのに対して、愛社精神はその会社のファンであるということだ。だから退職するときには惜しまれつつも新しい門出を祝われる。祝われる退職だからこそ、また戻ってくることができる。

会社の出社時間、退社時間がゆるいのは、仕事が個人に任されているからだ。もちろんチームで取り決めたルールとしての時間はあるが、それらもチームリーダーやメンバーが決める。

人事制度としては裁量労働制やフレックスタイムが採用されているだろう。出社時間、退社時間のルールがゆるくなると、社内で毎日決まった人と決まった時間に会うわけではない状況が生まれる。だからこそ会う都度互いの状況を確認し、情報交換をすることになる。そのきっかけが挨拶として増える。

そして会社帰りに一杯、ということはほとんどなくなる。ライフスタイルも違えば趣味嗜好も違うのに、同じ会社に働いているというだけでプライベートまで一緒にすることは激減するのだ。そもそも退社時間が違うので、時間をあわせることが難しいということでもあるが。

要約すると自立型の会社とは、「一人ひとりの責任と権限を明確にし、自発的な業務遂行やチャレンジを重要視する」企業のことだ。ロイヤリティ型のように社内旅行を重視している場合もあるし、環境適応型のように中途採用や若い役員がいることも多い。しかし重要なことは働き方が異なるということだ。

会社のタイプによって、人事のルールは異なる

他にも自立型の会社には採用面での特徴がある。職種別の採用をすることが多いのだ。たとえば株式会社イロハという組織があるとしよう。イロハがロイヤリティ型であるとするなら「イロハにふさわしい人材」を採用しようとする。そして採用後は一律の研修を経て、それぞれの希望も踏まえつつ、さまざまな部署に配置する。

しかし自立型であれば「営業」「管理」「ＩＴ」などの職種で採用する。新卒採用をしている場合でも、営業幹部候補やＩＴプロフェッショナルなどのルートを設定し、それぞれにあった資質を持った学生を採用しているだろう。

自立型の会社の本質は、会社と個人との間の雇用関係を契約とみなしている点にある。だから会社側は契約を超えた想定外の負荷を与えない。その代わり働く側には自立的な業務の遂行とそのための成長を求める。人事の仕組みで言えば職務等級制度を採用することが多い。職務等級型の人事では、拙著『出世する人は人事評価を気にしない』で書いたとおり、現場で「できる人」が出世するのではない。「上の仕事ができそうな人」「できると期待され

る人」が出世していく。それは契約更新に近い考え方でもある。

戦後から1990年代のバブル崩壊まで、日本企業における人事マネジメントは基本的に同質性を重視したロイヤリティ型の設計と運用がされてきた。しかしその後の度重なる環境変化が企業に与える影響の大きさはそれぞれで違った。そうして現在の企業の人事マネジメントは、大きく分けて3種類存在するということだ。それがロイヤリティ型、環境適応型、そして自立型だ。

もちろん、どのスタイルが良くてどのスタイルが悪い、ということではない。

重要なことは、それぞれの**企業の人事マネジメントのスタイルによって、残業や転勤をはじめとする「人事のルール」が異なっているということだ。それはすなわち、「出世のルール」の違いでもある。**

「忠誠心のある人」と「チャレンジングな人」、どちらが出世するか

これらの人事スタイルの違いが出世判断に影響するのはなぜか。それは社内での意思決定方法が異なるためだ。

たとえばロイヤリティ型の人事マネジメントは中央集権的な意思決定手法をとっている企業だと言える。これらの企業は同質性を前提とした強さを重視するため、人事マネジメントにおいても同質性を重視する。だから会社に対する忠誠心を求めることが多くなる。忠誠心を求めるのなら、もちろん転勤を断るような従業員を厚く遇する必要はない。

一方で自立型の人事マネジメントは個別自律的な意思決定手法をとっている。一人ひとりの権限と責任を明確にし、自発的な業務遂行やチャレンジを重要視する。その結果、柔軟さと速さを強みとして持つことになる。そして人事マネジメントにおいては多様であることを前提とすることになるので、たとえば転勤を断ってもそれは特に問題にはならない。

意思決定手法が異なるからこそ、ロイヤリティ型の企業では「忠誠心のある人」が出世しやすく、自立型の企業では「チャレンジングな人」が出世しやすくなるということだ。

どういう人が上に行くかは、会社のタイプごとに異なる

企業タイプによる3つの分類

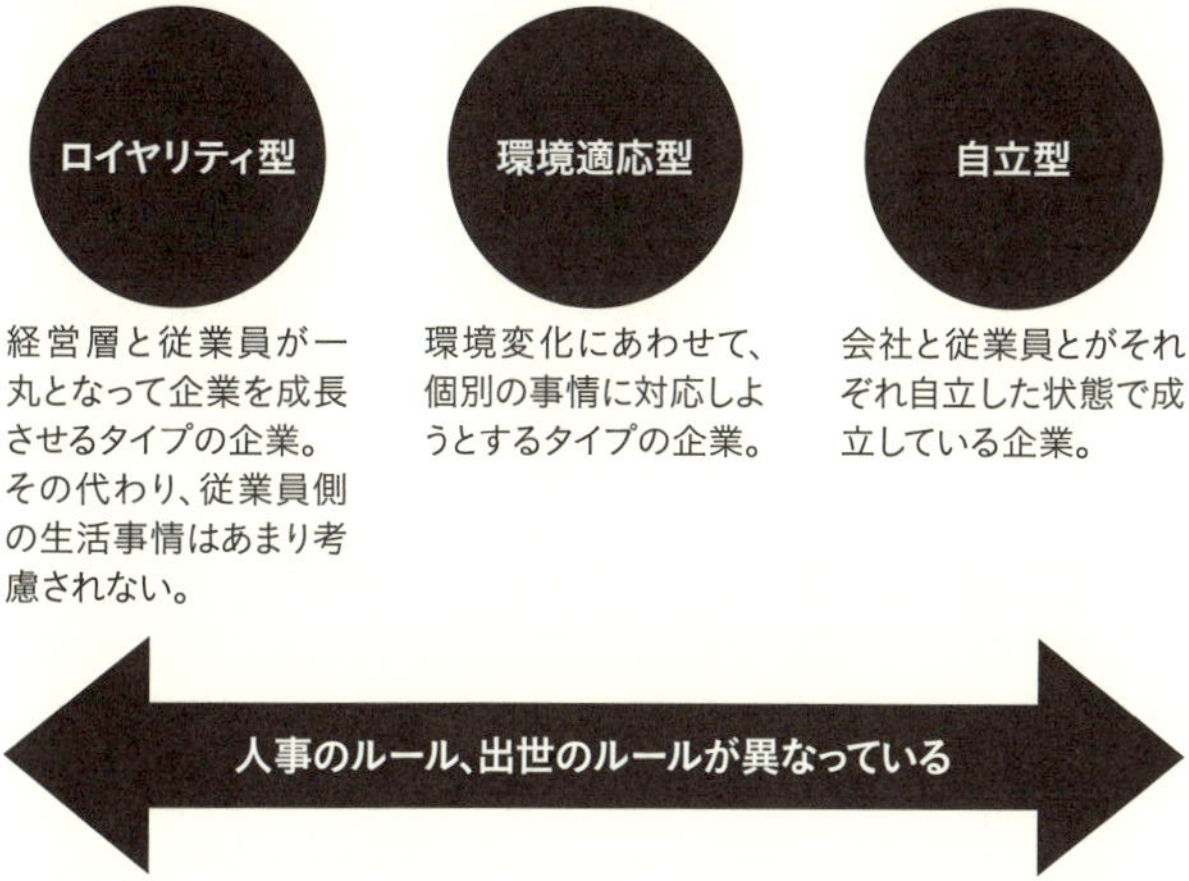
ロイヤリティ型
経営層と従業員が一丸となって企業を成長させるタイプの企業。その代わり、従業員側の生活事情はあまり考慮されない。
環境適応型
環境変化にあわせて、個別の事情に対応しようとするタイプの企業。
自立型
会社と従業員とがそれぞれ自立した状態で成立している企業。
人事のルール、出世のルールが異なっている

もう一つのスタイル＝環境適応型と定義した人事マネジメントは、ロイヤリティ型と自立型のハイブリッドと言える。必ずしもロイヤリティ型から自立型へ移行する途上というわけではなく、双方のメリットを享受しようとする場合もある。

　特にグローバルな展開を進めている企業は、大企業であったとしてもロイヤリティ型から環境適応型へ移行しやすい。仮に中央集権型の意思決定を重視していたとしても、グローバルな展開の中で意思決定を中央でのみすることは難しい。グローバリズムとは究極にはローカライズされたビジネスの集合体だからだ。

今日のベストな選択が、明日のベストにならない時代

いずれのマネジメントスタイルもそれぞれの企業を取り巻く環境変化と、経営層の意志がもたらしたものだ。だからこそ、その中で従業員たちが活躍するためのルールである人事マネジメントも、また環境変化と経営層の意志に対応したものになる。

本書ではそんな働き方や出世のルールの変化を、それぞれの会社のスタイルにあわせて、人事のあり方をもとに説明する。

変化があたりまえになっている時代に、自分らしく充実した生き方を手に入れようと思えばどうすればいいのか。それは私たちが目の前の仕事や働く選択を、変化を前提として選ばなければいけないということだ。

戻ることのない変化の中で、国も会社も働く私たちを守ってくれなくなっている。だから私たちは、自分たちの自由な生き方を守るためにも、変化を理解して望ましい選択をする知識を得る必要があるのだ。

覚えておいてほしいのは、あなたの会社での今日の最適な選択が、明日の最適な選択にならない場合が増えているということだ。だから今日、「残業をすべきか否か」「転勤を断るべきか否か」という短絡的な選択に対する答えを模索するより、その背景にある人事制度と運用の変化、経営スタイルの変化、それらをとりまく環境変化と経営層の意志に意識を向けてほしい。

そうすれば、たとえ今日最適でない選択をしたとしても、明日にはその選択をしておいて良かった、と思えるときが来るだろう。たとえば、中央集権型の大企業で転勤を断ったとしても、10年後にそれで良かったと思える未来、などだ。あなたの10年後には成功と出世とが違う意味を持っているかもしれないのだから。

この本があなたの将来にとっての最適な選択のきっかけとなれば幸いである。

目次

第1章 出世したいなら残業すべきか……33

会社人生を決める7つの選択

選択5

第2章

会社にしがみつくのは今、適切な選択か

「あきらめると生涯年収が下がる時代」の4つの選択

第3章 「会社の価値観」から「自分の価値観」へ……177

第4章

まずは自分の会社のタイプを確認しておく

3つ以上チェックがつけば、
御社はそれぞれ「ロイヤリティ型企業」「環境適応型企業」「自立型企業」
である傾向が高い。

□毎日朝礼がある
□昼休みの時間が決まっている
□社員旅行などの全体行事が毎年ある
□新卒採用を5年以上途切れず続けている
□「彼／彼女もそろそろ次の役職へ……」
という言葉を聞いた事がある

→ **ロイヤリティ型企業**
経営層と従業員が
一体となり成長を
目指す会社

□派遣／契約社員が増えている
□同じ役職だけれど役職名が変わったこと
がある
□中途採用の人の割合が30%を超えている
□人事評価制度の改定が
5年以下おきぐらいにある
□オーナー家以外で、40代の役員がいる

→ **環境適応型企業**
環境変化にあわせて、
個別事情に対応しよう
とする会社

□会議の時間が短い
□"出戻り社員"がいる
□出社と退社時間のルールが
ゆるいか存在しない
□社内で出会った人への
挨拶が頻繁に行われる
□会社の飲み会が少ない

→ **自立型企業**
会社と従業員が
それぞれ自立した
状態の会社

第1章

出世したいなら残業すべきか

会社人生を決める7つの選択

選択1 残業するか、早く帰るか

残業は評価されるのか

毎日残業している人と、いつも定時で切り上げる人。どちらが出世しやすいだろう。

会社の中で残業が特に多い人というのは限られている。そのほとんどは優秀だからこそ仕事が集まってきてしまい、否応《いやおう》なく残業しなくてはならないタイプだ。だから、残業する人が優秀だ、という印象を持ちやすい。

しかし一定の割合で、残業代を稼ぐために残業をしている人もいる。このタイプの特徴は、通常のワークタイムに何をしているかわからないというものだ。忙しそうにはしているのだけれど、今その仕事をしなくてもいいだろうと思えるようなことや、あるいはその人がやらなくてもよい仕事などに時間を使っている。さすがにあからさまにゲームをしたり寝ていたりするようなことはないが、優先度も重要度も低い仕事に時間を使っている。またこのタイプは残業を楽しんでいるところもある。残業をしている自分が好きで、おまけにお金も稼げるのだから一石二鳥だ。

単に仕事が遅いタイプも残業が多い。1時間で終わるような資料作成に何時間もかけている、という場合もあるが、思い込みが強い人もいる。上司に指示された仕事に対して自分なりの考えで80%くらいまで進めてしまう。途中で上司に確認すれば方向性を正せるにもかかわらず、そうはしない。結果として独りよがりの資料を作ってしまい、抜本的にやり直しが必要になる。そうして残業をするわけだが、このタイプは残業が好きではない。だからやり直しを命じた上司に対して反感を持つようになり、それが言動にもあらわれるようになる。

会社の中にこの3タイプが入りまじっている場合、単純に、残業＝高評価、ということにはならないことがわかるだろう。自立型の会社はもちろん、環境適応型でも、単に長時間残業をするだけでは評価は高まらない。

無茶振りに応えても、上司からの評価は上がらない

では逆に、残業を断ったらどうなるだろう。

今日やらなければいけないことも終わったし、そろそろ帰ろうかと思っているところに上司が近づいてくる。

「これ、明日の朝イチまでにレポートにまとめておいて。朝10時にはお客さん先に持って行くんだけど、とりあえずできたら僕の机に置いておいてくれたらいいから」

そして手にしている書類の束を机に置いて足早に去っていこうとする。

――いやちょっと待ってください。今日はこのあと家族で食事の予定を入れているんです。今からこの量を読み込んでレポートにするとなるとどう考えても終電になってしまいます。絶対に必要なものじゃなければ勘弁してくださいよ。そもそも絶対に必要なんだったら、前日の夜まで指示を忘れていた上司であるあなたの責任じゃないですか。

そんな言葉を言いたくても言い出せない人も多いだろう。

人事の仕組みとして言えば、一人ひとりの残業時間の合計が週あるいは月あたりどれくらいになっているかで判断されることになる。そもそも残業を指示するためには、就業規則をもとに36（サブロク）協定という取り交わしをしていなければいけない。そこで定めた以上の残業は命じることができませんよ、という取り交わしだ。しかし逆に言えばその時間までは会社側に命令権が生じている。だからよほど残業が続いているのでなければ、上司からの残業指示は断ることができない。これは休日出勤も同様だ。

ただし残業を断ったとしても、人事評価の観点から言えば不利益はない。たしかに法律上は会社側が残業を命じることができるようにはなっている。しかし冠婚葬祭が事情だったり、あるいは体調不良が原因だったりすれば残業は断れるはずだ。仮にあなたが**プライベートを犠牲にして残業を引き受けたところで、上司からの評価が良くなることはまれだ**。上司の心証を悪くしないような理由で断れるよう工夫をこらしてみてもいいだろう。実際にはこの上司の心証というものが問題ではあるのだけれど。

ロイヤリティ型企業も長時間労働を是としない時代

ロイヤリティ型の会社の場合、長時間労働をよしとする時代はたしかにあった。会社に対する忠誠心を確認する手段として残業が機能していたからだ。一番遅くまで働いている人にあわせてみんな残ることで、部署としての一体感を醸成してもいた。

しかしロイヤリティ型の会社であっても、現在では長時間労働を是とはしなくなっている。

会社側に従業員の健康を守るような指導が増えており、それは体調だけでなくメンタル面も含んでいる。前述のような無茶な残業を指示する上司ばかりの会社だと、それを理由に社員に転職されてしまうだろうし、ブラック企業というレッテルを貼られてしまう。

とはいえ定時前からそわそわし始め、定時になって数分でＰＣからログアウトしたり、出退勤を確認する社員カードをカードリーダーにかざすようなことをしていては印象が悪い。それでは上司からの評価はもちろん、周囲からの評判まで悪化させてしまう。

印象や評判についての人事のルールとしては、多面評価という取り組みが増えている。これは上司からの評価を裏付けるために、その人の普段の行動を同僚や部下に確認するための仕組みだ。弊社セレクションアンドバリエーションでも数多く受託しているこの仕組みは、ＷＥＢアンケートを使うことでとても容易に実施することができるようになった。

多面評価の特徴は、しっかりした評価者研修を受けていない人に評価を依頼する点にある。そのため、印象が評価に影響する傾向が強くなる。だから普段から印象が良くない人は、多面評価でも結果が悪くなりやすいのだ。

もちろんその結果をそのまま人事評価に使うことは少ないが、上司目線とその他の目線のギャップを踏まえて経営層がさまざまな人事判断に用いることが増えている。

残業がマイナス評価になる、最近の人事評価制度

人事評価制度の中に、残業について言及する指標を設定する場合がある。それはたとえば次のような評価指標だ。

評価指標「効率的な業務遂行」
マイナス評価になる行動　ムダな残業が多い。私語や業務に関係のない行動が多い。
プラス評価１レベル　効率的な業務遂行についての学習を怠らず、自らの意見・方針を表明できている。
プラス評価２レベル　業務の効率性を高めることで、所属する組織の業績に貢献できている。
プラス評価３レベル　どのように業務の効率を高めるべきか、その結果としてどのように業績に貢献できるのかを指導できている。

プラス評価４レベル　過去の否定をいとわず、現在の環境に適した効率的な業務遂行手順を実践し、仕組み化できている。

特に近年弊社で人事評価制度設計を行った企業のほとんどでこの指標が採用されている。つまりムダな残業は残業代稼ぎにはなるが、評価ではマイナスになるのだ。評価されないどころの話ではない。

評価基準に残業関連の指標がなかったとしても、人事評価のとりまとめの場で、従業員の残業時間一覧を確認することも増えた。そこでは評価結果と残業時間とを比較している。そして次のような判断を行っている。

評価が良く残業が少ない……昇進候補
評価が良く残業が多い……昇進候補にはなるが、メンタルヘルスチェック対象にもなる
評価が悪く残業が少ない……要教育
評価が悪く残業が多い……論外

残業なしで成果を出せればベストだが……

残業と人事評価

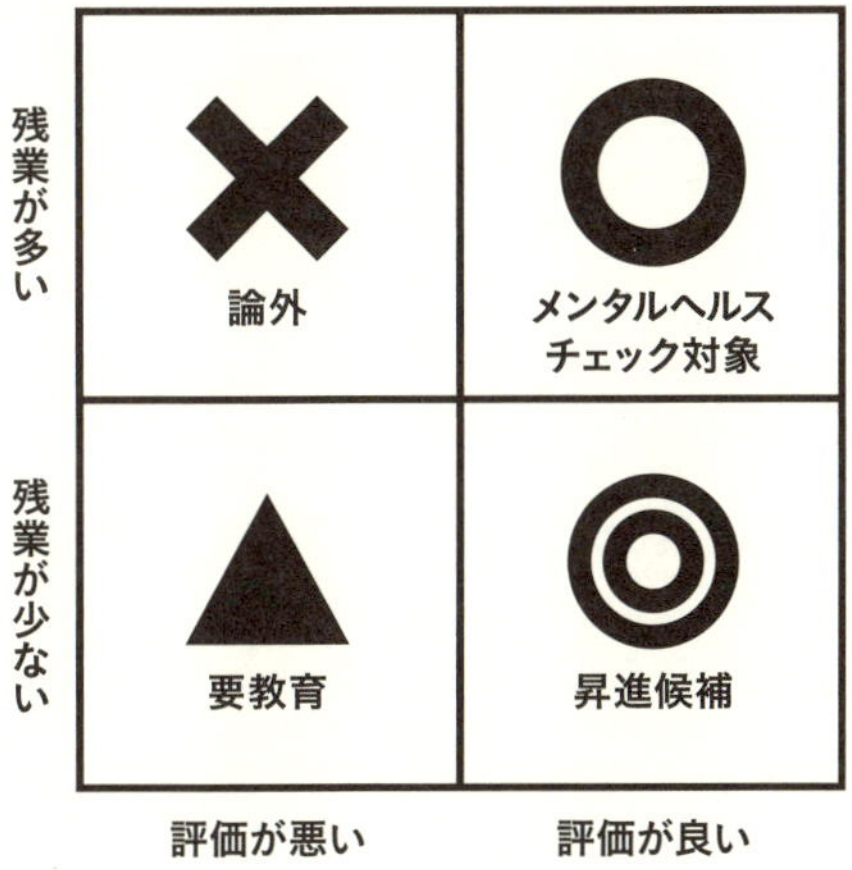

サービス残業が前提の会社の特徴とは

それでもなお、あなたの会社では残業が必要だとすれば、どう考えればいいだろう。たとえばサービス残業をすることが前提で仕事が割り振られていたり、残業代を支払うけれども勤務時間が長いような場合だ。

ある卸売業の場合、配送ドライバーのシフトそのものが残業を前提としていた。朝8時半に出社し、退社はいつも夜12時前。残業代はすべて支給されるが、担当する配送先を回る限り絶対に定時で帰ることはできない。

別のある派遣業では営業所のほとんどに布団が常備されていた。派遣が開始するのは朝6時。派遣先ごとに人員をあて込み送り出すと午前9時を超える。それから営業活動をするが、午後になると事務処理も増える。やがて派遣社員たちが戻ってくる時間になると、日払いを希望する人に手渡すための現金を用意する。シフトによってはこれから派遣先へ向かう人もいる。そうして仕事が一段落するのは夜10時過ぎ。それでも派遣先からの連絡に対応するために事務所に誰かがいなければいけない。自然と泊まり込むことが増えていく、というような悪循環だった。

長時間労働を前提としてビジネスの仕組みが成立している会社は、流通業や小売業、飲食業に多い。それらの会社でも最近ではブラック企業と言われないために、サービス残業を前提とすることは減り、残業代を支給する。従業員側でも、手取りが増えるのだから、と受け入れることもある。

「残業しないで出世した人」が知っていた抜け道

このような会社では残業しないと出世できないのだろうか。いや、実際に出世している人たちを見るとそうではない。

前述の卸売業で配送部門のマネジャーになりそれから部長へと出世していった人は、たしかにドライバーの時代には長時間残業をしていた。しかし配送先の顧客と広くコミュニケーションをとり、顧客ニーズにあわせた社内提案や営業活動を進めることによって、ドライバーから外れることになった。

派遣業で出世した人は、事務所への泊まり込みを早々にやめた。厳しい人件費コストのしばりの中でも、次の事務所長候補の育成という名目で新人を採用し、シフト制を組んだ。その新人が育つはしから別の事務所に異動されたため、毎年毎年育成の手間がなくなることはなかったが、少なくとも泊まり込んで長時間仕事をするような組織風土は、彼の事務所に限ってはなくなった。そうして余裕のできた時間を使って、彼は顧客の上位者とのコミュニケーション機会を増やしていった。また、彼のもとで育って異動していった人たちは彼を慕い続け、地域をまたがるような大きな取引の時には彼と一緒に活躍するようになった。今彼はその派遣業の子会社で社長として上場準備をしている。

彼らの成功理由はそれぞれ異なる。長時間労働の現場から抜け出すために別の仕事＝営業活動を覚えて実践したのはドライバーだ。彼は今営業の管理職になっているが、彼がいる会社では残念ながら今なお配送ドライバーに長時間労働を当然に要求している。一方で派遣業の方は、残業しない社風が広まりつつある。その方が良い人材が集まるし辞めないから、ということで、ようやくグループ全体が本腰を入れて解決に乗り出したからだ。

残業しなければいけないビジネスには必ず問題がある。その問題を解決することが出世の近道になるのだ。それも飛躍的な出世につながる。残業しなければいけないからそのことを部下に強いて、自分もそれをあたりまえとして働き続けるようでは、出世したとしてもその部門の管理職までだ。それも自分の健康と引き換えに。

仕事を残して早く帰る人を評価しない自立型組織

実は残業に関しては、自立型の会社の分が悪い。

ロイヤリティ型や環境適応型は中央集権的意思決定を行うため、さまざまなリスクを会社側が負っている。サービス残業による残業代不払いや長時間労働による健康問題についても会社側のリスクとしてとらえている。だから前述したように残業させないようにするし、残業しないことを評価することも多くなっている。

しかし自立型の会社、たとえば新進気鋭のベンチャーやＩＴ系、コンサルティングファームなどでは、仕事が一段落しなければ帰ることができない。そしてこのような会社で残業をせずに帰るということは、任された仕事を放り出す、あるいは約束した成果を実現する能力がない、と見られてしまうことも多い。だから仕事が終わっていなかったり、成果が出ていなかったりするのであれば残業をせざるを得なくなる。

では残業をすれば評価されるのかといえば、まったくそうではない。自立型の会社では成果でしか評価されないからだ。

だから自立型の会社では視点を変えることが重要になる。残業してでも良い仕事をすることは大事だが、限られた時間で要求以上の成果をどう出すのか、という視点を持たなければいけない。そして可能な限り効率を追求し続けるのだ。

なぜできるＳＥほど、パンフレットの封筒詰めの手際が良いのか

できるシステムエンジニア（ＳＥ）やコンサルタントは効率化にとても敏感だ。彼らはまず単純作業での効率化を徹底する。たとえばＰＣ作業ひとつとっても、彼らのタイピング速度は異常に速い。またショートカットキーを多用する。彼らにパンフレットの封筒詰め、というような作業を依頼した場合、パンフレットや封筒の配置、折り方、必要な道具の準備、などを事前に周到に考え、それから作業を始める。プログラミングであれば使いまわせるソースコードをいくつも蓄積して、コピー＆ペースト＆修正という手順で作業時間を短縮する。

単純作業を効率化すれば、その分だけ高度な作業に費やせる時間が増える。それは成果につながる時間を増やすということだが、そこでもさらなる効率化が行われる。コンサルタントであれば、関連する業界のホットトピックを常に収集するだけでなく検索性を持たせた保管をしている。たとえば病院業界のコンサルティングをする際には、今のクライアントが要求することが人事改革だったとしても、あわせて病院ビジネスそのものの分析をしておく。人事に関係ないような課題であってもピックアップして整理する。過去にどういう法改正が

あり、それにあわせて業界がどう変化したのか、そこで目立った改革を行った施設がどこでどういう内容だったのか、などだ。そうすることで人事改革そのものの成果レベルが上がるだけではない。分析整理した内容を保存しておけば、同じ業界で別のクライアントを担当するときに、分析する時間を大幅に短縮できる。

成果で評価されるからこそ、効率化が求められるのが自立型の会社で働くことの特徴だ。だから残業をするとしても「意味のある残業」にしなくてはならない。意味のある残業とは、次の仕事にも使えるような効率化の仕組みを同時に作れるものであり、意味のない残業とは目の前の仕事にただ時間をかけ続けることだ。

要約

□どの型の企業であっても長時間残業は評価を高めない
□長時間残業がビジネスモデルに組み入れられている企業では残業しない職種への異動を目指す
□会社全体としての長時間残業をなくす取り組みは出世のきっかけになる
□自立型の会社での残業は成果を出すために必要。ただし効率化を常に考えて行動することが求められる

選択2 社内の飲み会に行くか、プライベートを優先させるか

社内の飲み会を断ってもいいのか

飲みニケーションの重要性が再評価されているらしい。実際に福利厚生の仕組みとして、部署ごとに毎月一定の飲み会予算を割り振る企業もたしかに存在する。部署で飲み会を開催する場合、1人あたり2000円まで補助しますよ、というような仕組みだ。

そういう仕組みのありなしにかかわらず、上司が「今の仕事が一段落するから、来週あたりみんなで軽く飲みに行こうか」と誘ってくる場合がある。そんなときあなたはどう感じるだろう。

酒好きな人や飲み屋の雰囲気が好きだという人であれば、あとはスケジュールの問題だけだ。実際のところ、毎晩酒を飲む人の割合はだいたい5人に1人の割合でこの10年ほどは大きく変化していない。それより前でも4人に1人くらいだ[1]。

しかし会社の飲み会が嫌だという人もいるし、そもそも酒を飲むなら家で親しい人たちと飲みたいという人もいる。

また仕事が忙しい状況で、飲んでいるような場合じゃないということだってある。たしかに部署全体としては一段落しても、自分の仕事はちょうど明日が締切で今晩中にしあげなければいけない、というような状況だ。

とはいえ上司の誘いだし、会社の飲み会というとなんとなく断りづらい雰囲気がある。そんな状況でも、そもそも酒が嫌い、スケジュールがあわない、会社の人と飲みに行くのが嫌、仕事が忙しくて行っていられない、という理由で断ってもいいのだろうか。

飲み会参加にはたしかにメリットがある。ただしそれは一次会まで

結論としては、**飲み会は断ってもなんら問題はない**。人事評価の観点でも問題が起きることはない。たしかにロイヤリティ型の会社であれば一体感が重視される。昔気質の上司の誘

1 「国民健康・栄養調査」(厚生労働省、2012年)

いを断り続けると一時的には雰囲気も悪くなる。しかし「あの人は飲み会には来ない」という認識が生まれるまで断り続けていれば、それがあたりまえになる。昔気質の人たちの飲み会で酒の肴になるかもしれないが、それだけのことだ。

環境適応型の会社であれば考え方が違う人たちもいる。だから一体感はそもそも失われている可能性があるので、あえて気の進まない飲み会に行く必要などない。

自立型の会社であればなおさらだ。本当は行きたくないのに、プライベートを犠牲にしてまで飲みに行ったところで得るものはさほどないだろう。

ただしもし飲み会そのものが嫌じゃないのであれば、飲み会でメリットを作り出すことはできる。たとえば仕事上でぶつかった相手が来るのであれば、飲み会で相手との関係を太くすることができる。ある案件で意見が違ったとしても、その違いを前提として別の話をしていくのだ。趣味の話でもいいし、家庭の話でもいい。あるいは会社の将来についての話だって構わない。要は反目している関係を、多数の関係性の一つにしてしまえばよいのだ。あることについては意見が違っても、同意できることとか共感できることが他にあれば、ビジネスとして良好なつながりにすることができる。

あるいは直属上司よりもさらに上の上司が来る場合だ。普段話す場が少ないのなら、これを機会にどんどん顔を売り込むことができる。

ただそれでも出席するのは一次会までで構わないだろう。二次会、三次会と付き合ったところで、ビジネスとして得るものはない。

居酒屋で仕事の指導や人事通達を行うとハラスメントになる

逆にあなたが管理職の場合、飲み会に誘う際に気を付けるべき点はあるだろうか。

パワーハラスメント、セクシャルハラスメントのように、誘うこと自体がいやがらせになってしまうのであればそれは論外だ。飲み会を開催するとすればそれはあくまでも懇親や慰労を目的としていなくてはならない。

特に気を付けたいのは、普段の仕事ぶりについての指導や人事についての通達のために飲みや食事に誘うことだ。これはまったくお勧めしない。仮にロイヤリティ型の会社であったとしても。

なぜなら指導や人事についての誘いであれば相手が拒否することができない。そして飲食を伴う場を共有すると関係性が深まりやすいが、それ自体がハラスメントになってしまう可能性が高いのだ。

想像してみてほしい。上司に「ちょっと来期からのことについて話があるから明日の夜一緒にメシに行こう」と言われた場合の相手の感情を。あなたが役員に呼びつけられてそう言われたらどう思うだろう。

たしかに昔であれば良い話でも厳しい話でも飲食を交えることは多かった。胸襟をひらいて話をすることが信頼関係を深めたし、わざわざ会社の外で時間をとってまで指導や通知をされることについて感謝する人もいた。

しかし現在では、指導にしても人事通達にしても、定時内にすることが当然となっている。飲食を交えず、会社の会議室で淡々と話さなくてはならない。そうすることで互いにその話があくまでもビジネスについてのことであり、人間性やプライベートに関係していないことが理解できる。

逆に飲食の場でしか話ができない上司であれば、これからの変化にはさらについていけないだろう。

休日や時間外の会社行事に参加しなくても大丈夫か

飲み会については出席の必要は薄いのだけれど、会社行事となるとどうだろう。社長をはじめとする経営層も参加するような社員旅行やレクリエーションとしての運動会などだ。

企業タイプを問わず、休日やあるいは平日であっても有給にして会社行事が開催されることがある。社員旅行や運動会などは減少傾向にはあるが、その効果を再評価している場合も多い。産労総合研究所の調査[2]では社員旅行を実施する企業は46％だが、なんらかの社内レクリエーションを開催している企業の割合は82％にもなる。その主な目的は社内コミュニケーションの促進にあるのだが、ではこれらの会社行事を断っても出世に響かないだろうか。

人事の仕組みから言えば、飲み会と同様、会社行事を断っても出世には影響しない。ほとんどの会社では、会社行事に出席しないことをマイナスに評価する仕組みがないからだ。社員旅行に来ない、ゴルフをしたことがないからといってゴルフコンペに来ない、歓迎会の日

2　「2014年　社内イベント・社内旅行に関する調査」（産労総合研究所、2014年6月）

は残業をしていて直前で欠席する、などの行動をとっていたからといって、まあそういう人、というくらいの評判が生まれるくらいだ。ほとんどの会社では人事評価に反映するような基準を持っていない。チームワークを阻害するという評価を受けるかもしれない、と思うかもしれないが、仕事をしっかりとしていればその可能性も低い。

行事参加が人事評価基準に含まれている会社も

ただし例外はある。ある会社から会社行事の欠席をマイナスに評価する仕組みの提案を求められたことがあるのだ。具体的には次のような基準を設計し、運用する会社がある。

評価基準「社内コミュニケーション」 会社行事（社員旅行、忘年会、会社説明会など）に積極的に参加し、発言できている

この会社はロイヤリティ型のオーナー企業だった。比較的若い二代目社長が従業員たちとのコミュニケーションを好んでいる。その社長の要望であえて設定した評価基準だ。会社行

事をひんぱんに欠席するようだと、社内コミュニケーションがとれていないとして低い評価を受けることになる。

しかしこの会社でもなお、会社行事を欠席したからといって直接出世に影響することはない。なぜならこの評価基準は8つある基準の一つにすぎないからだ。そしてこの基準で評価されるのは新入社員から入社3年目程度までの若手期間だけだ。最悪の場合そこで悪い評価を得たとしても、それ以外の点で挽回する機会はいくらでもある。そして係長や課長になった時点ではこの評価基準は適用されなくなるのでほとんど問題はない。

人事評価の指標は会社からのメッセージである

ここであらためて人事評価というものを説明しておこう。

人事評価には、行動や能力を評価する基準が設定されることが多い。それらの基準は「リーダーシップ」「チームワーク」といったマネジメントに必須のものや、「コンプライアンス遵守」「思いやりと誠実さ」のような意識面を重要視したもの、あるいは「自己研鑽」や「業務改善への貢献」というような成長を意識したものなどだ。先ほどあげた「社内コミュニケーション」は意識面を重視したものになる。

ではこれらの基準に反する行動をとると即座に評価が下がるのか、といえばそうではない。行動や能力の評価基準は、結果に対して○×をつけるものではないからだ。それらは会社が重要視していることについてのメッセージとして発信される。そして評価期間においてそのメッセージに基づく行動をとるチャンスは何度もある。だから仮に指標に反する行動をとったとしても、そのあとで改善して次にそうしなければ大丈夫だ。重要なことは評価指標にあらわれているメッセージをちゃんと理解している姿勢を示せるかどうかだ。会社行事への出席が評価基準にあったとしてもなお、挽回するチャンスはいくらでもある。

しかし飲み会はともかく、全社員が集まる会社行事に参加したくない、とあなたが強く思うのであれば、それは別の理由から出世にマイナスに働くだろう。参加しないことに問題があるのではない。参加したくない、と思っているあなたの気持ちが出世に響いてくるのだ。

なぜ出世する人には、会社行事に出席し続けた人が多いのか

たしかに会社行事を欠席したところで評価には影響しない。しかし課長から部長、役員に

昇進していった人たちには、会社行事に出席し続けた人が多い。

理由は二つある。第一に、会社行事に出席すると社内コミュニケーションが促進される。社内に知り合いが増えるし、彼らとビジネス以外の話をすることで人間性もわかってくる。ネットワーク論で語られる弱いつながりがそこで生まれる。一緒に運動会で汗をかいたり、バスの中でカラオケを歌ったり、宴会で気を抜いた姿で語り合う経験はオフィシャルな場面では生まれない関係性を作る。たとえ宴会の場で大失敗したとしても、会社行事で有名になることができればそれだけでその後の社内コミュニケーションに大きな価値を生むだろう。そしてそれこそが、会社が行事を催す目的だ。

もちろん社内の知り合いが増えたからといって全員が出世するわけではない。会社行事に力を入れたところで日々の成果がすぐに高まるわけでもない。それよりもむしろプライベートをゆっくり過ごすことで次の激務に備えたい、と思っても不思議ではない。

会社行事に出席したくない、と思う心が出世を阻んでいる

重要なことは第二の理由にある。会社行事に積極的に出席しているということは、すでに

会社の中にネットワークを持っているということだ。会社行事は、新しいつながりを作る効果よりも、今存在するつながりを再確認し強化する効果の方を強く持つのだ。

初めて出席する会合に知り合いがいないとなれば、誰だって出席を躊躇する。あなたが会社の人たちとのコミュニケーションを不要と考えたり、あるいは軽視したりするということは、あなたがネットワークをまだ持っていないからではないだろうか。

会社行事を重要視しないということは、あなたが会社でつながりを作れていない可能性がある。そしてつながりが少なければ、成果に対する評価はされたとしても、出世に必要な評判や推薦は得られない。専門性において孤高の存在になることはできるかもしれないが、専門性のみを評価するビジネスは皆無だ。

つまり会社行事に出たくないあなたは、会社に対する気持ちが冷めているのだ。そして会社に対して冷めた感情を持っている人が出世することはありえない。

社内の飲み会に出たくないなら、社外の飲み会に出る

あなたがコミュニケーションを苦手とするのであれば無理をすることはない。しかしそん

な場合でも、社内で親しくする人たちはいるはずだ。会社行事を欠席するのであれば、親しくしているその人たちとのコミュニケーションを増やすことは考えよう。

人事制度設計の背景にある経済学では、これらのつながりを、「企業特殊的人的資本」の一部として定義する。反対の定義は「一般的人的資本」という。簡単に言えば、企業特殊的人的資本とは、その会社でしか通用しないスキルやつながりだ。反対に一般的人的資本とは、転職しても起業しても使えるスキルやつながりのことだ。

多くの日本企業では、企業特殊的人的資本が重要視されてきた。なぜなら多くの人たちは定年までその会社で働き続けるからだ。日本で働く人の平均転職回数は欧米や他のアジア諸国などに比べて少ない。ほとんどの人は最初に入った会社で勤め続けようとする。そこでうまくやるためには企業特殊的人的資本が必要になる。それは社内の知り合いであり、お互いに何ができるかを知りあっている人間関係だ。

どうしてもこのつながりを作れないタイプの人がいる。実は私自身にもその傾向があった。そういうタイプの場合にはどうすればいいのだろう。

答えは一般的人的資本を積むことだ。

理想としては自分に肩書きがなかったとしてもつながれる人たちと知り合うことだが、なかなかそうもいかない。むしろ肩書きをうまく使いこなす方が良い結果が出る。たとえば自分が一流企業の営業課長であるとすれば、その肩書きで出られる集まりなどに顔を出す。名刺交換をした相手とその都度連絡をとりあい、情報交換をするなど、方法はいくらでも考えられる。社外で知り合いを増やす交流会に出席したり、社外研修に出席する、あるいは社会人大学院に通うという選択肢もある。

そうして一般的人的資本を積んだあなたが、なんらかのきっかけで社内で出世したとしよう。そうなったとき、あなたの気持ちとして、会社行事に積極的に出ることがあたりまえになっているはずだ。

要約

□どの型の企業であっても飲み会や会社行事と評価は関係しない
□会社行事に参加したい／参加したくないという思いは、自分自身の会社への関わり方をあらわしている
□出世した人は会社行事を自分のものとしてとらえている

選択3 会社の近くに住むか、遠くに住むか

上を目指す人には、通勤時間はムダでありリスク

「職住接近」を勧める人が増えた。会社の仕組みとしても、2駅ルールとか3駅ルールとかの形で住宅手当の支給方法を導入している場合がある。勤務地から2駅、あるいは3駅以内に住んでいると、通常よりも多めの住宅手当を支給しましょう、という仕組みだ。会社側のメリットとしては交通費負担が減るということと、従業員間のコミュニケーションが促進されやすいというようなことがあげられる。一方従業員側のメリットとしては、通勤ストレスが緩和されるし、また手取りとしての給与が増える。

では会社の近くに住めば成功しやすくなるのだろうか。会社の中で言えば出世することが典型だが、他にも専門性を高めたり、やりがいのある仕事を担当できたりするだろうか。

職住接近とは単純に言えば、ムダな移動時間を減らす取り組みだ。職住接近以外で言え

ば、営業に関する移動時間を減らす取り組みも積極的に行われている。客先訪問はなるべく地域別に固めれば移動時間が減る。そのために地域別担当制をしいたりするし、その発展形が支店、支社を設置したりすることだ。そしてビジネスパーソンが最も多く移動に使う時間が通勤であり、それを減らすことができればビジネスや生活に使える時間が増える。だからどんどん進めるべきだ、という論理が背景にある。

移動時間はまたリスクでもある。たとえば通勤に2時間かかるところから通っているとすれば、それだけ事故や災害にあう可能性も増える。電車が止まってしまえばアポイント時間にも間に合わない。災害が起きれば帰宅することも困難になるだろう。

ムダであり、リスクでもある移動時間を減らす取り組みはたしかに効率的だ。

すでに半数以上の人が「通勤時間30分未満」の所に住んでいる

職住接近には大前提となる考えがある。それは「ビジネスがすべてに優先する」という考え方だ。稼がなければ生きていけない。どうせ稼ぐのなら効率的に、あるいはストレスのない生活ができるようにする方がよい。そのためにムダとリスクをはぶこうとする考え方だ。

「職場と家の距離」は年々、近くなっている

全国と東京の通勤時間

全国の通勤時間の変化

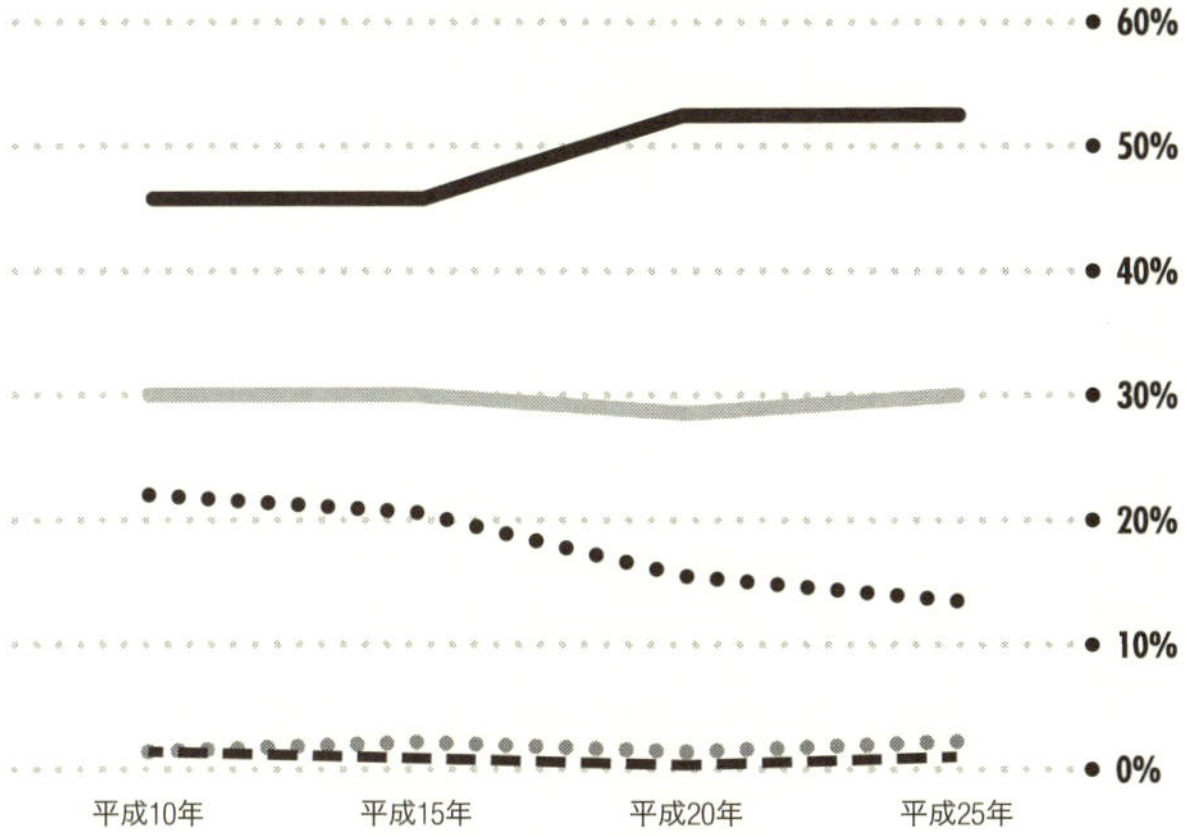

東京の通勤時間の変化

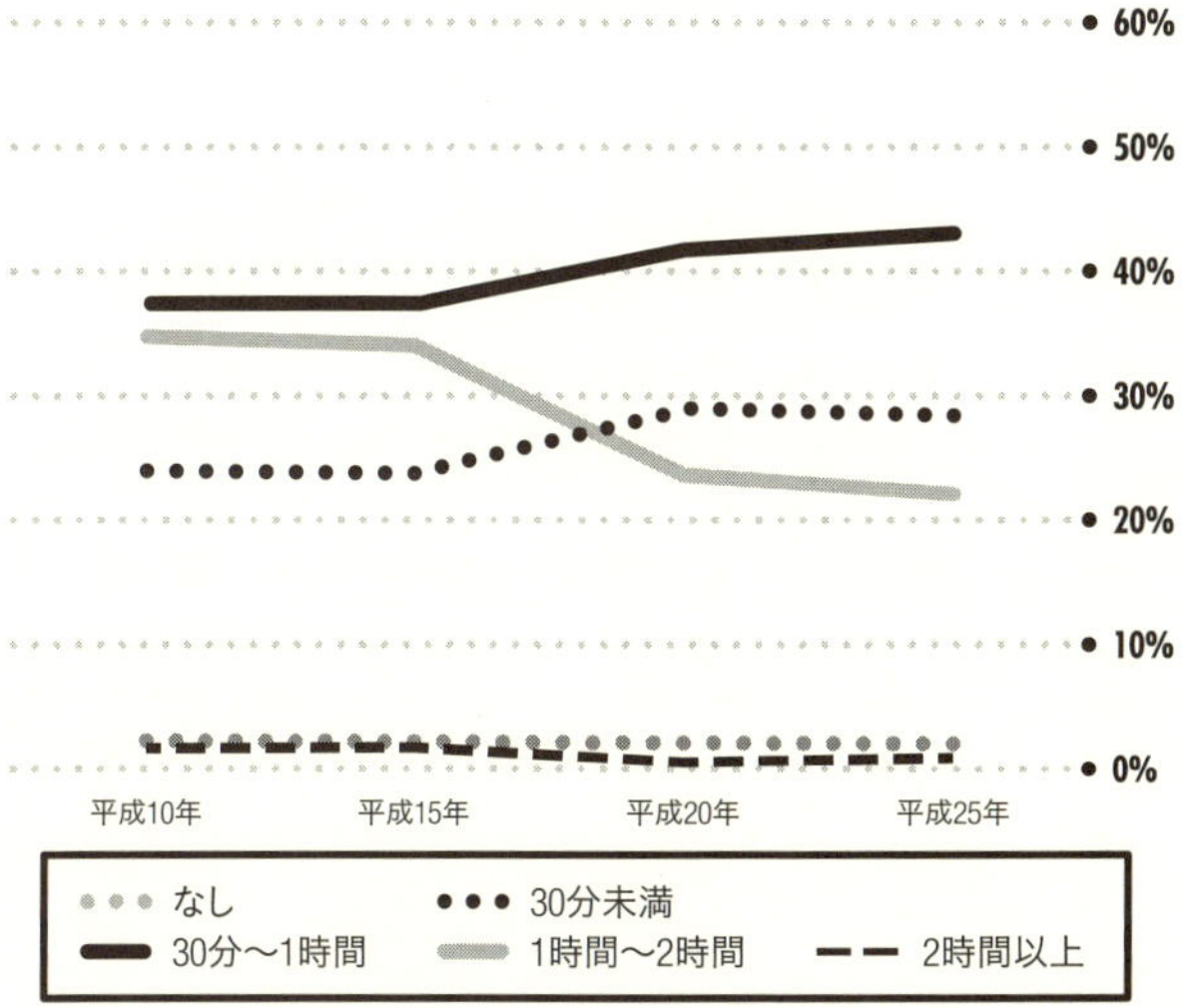

総務省「住宅・土地統計調査」をもとにセレクションアンドバリエーション作成

たしかに社会に出たてのタイミングであれば職住接近はとても有効だ。まず仕事を覚えることが必要だから、ビジネスを常に優先した方がよい。会社から2駅や3駅とはいわずとも、30分以内の通勤時間におさめることができれば職務に打ち込みやすくなる。就職にあわせて転居する場合に、あえて会社から遠くに住もうとする人は少数派だろう。もちろん家賃との兼ね合いはあるだろうけれど。

実際に統計を見てみると、職住接近はすでに進んでいることがわかる。総務省による「住宅・土地統計調査」に基づく全国の通勤時間は次のようなものだ。

全国では50%以上の人が30分未満の通勤時間であり、1時間以上をかけて通勤する人は20%未満となっている。東京は家賃が高いこともあり事情が異なるが、それでも30分未満、30分~1時間の人は確実に増えている。逆に1時間以上の通勤者は20%近くにまで減少していることがわかる。

職住接近の付随効果

会社が都心にある場合、職住接近は別のメリットも生み出すことになる。

都心に住んだ場合、さまざまな情報の入手が容易になるからだ。美術展やコンサートなどの芸術分野のイベントは都心で開催されることが多い。大規模書店も都心にはいくつも存在して、情報を網羅的に見ることができる。ビジネススクールも都心にあることが一般的だし、さまざまな会合も人が集まりやすい都心で行われることが多い。

さらに、人に会いやすいのも都心だ。さまざまな人が都心に住むことが増えているため、誰かと直接会って話したければ都心に住む方がよい。元経済企画庁長官で作家でもある堺屋太一氏が笑い話で話しておられたことにこういう話がある。

「ＦＡＸが普及する前、作家はそれぞれ思い思いの場所に住居を構えていました。しかしＦＡＸの普及とともに多くの人が鎌倉あたりに住むようになったんです。次に携帯電話が普及し始めると、なぜかみんな東京の港区に住むようになったんですよ。つまり通信手段が発達するほど人は集まりたがるんですね」

それは情報そのものが一般化されてしまうからであり、だからこそ直接会って手に入れる生の情報の重要性が増す、ということだった。現在ではインターネットによる情報の一般化がさらに進んでいる。ＳＮＳやコミュニケーションアプリは人と人とをつながりっぱなしにするようになった。今後「直接会える地域性」というのはさらに重要度を増していくだろう。

「つながりを持ちやすい場所」に住むことは人生においても有効

職住接近は今の会社において出世しようとするのなら、とても有効に機能する。特にどん欲に出世を目指す人は時間のムダを極端に嫌う人が多い。通勤時間はその最たるものだから、減らすに越したことはない。

しかしもっと重要なことがある。それはつながりを持ちやすい所に住むという視点だ。社会に出たての頃や出世を目指す場合には、求めるつながりは今いる会社のためのものになるだろう。だから会社のそばに住むという選択肢が重要になるのだけれど、人はいつまでも会社を最優先にして生きていられなくなる。

社内の出世競争の結果、どれくらいの割合で管理職になれるのかといえば、平均してすでに30%を切っている。職住接近でビジネスに注力してきたとして、管理職になれていなければ別の選択肢を考える必要が出てくるのだ。また管理職になっていたとしても平均して55歳で役職定年を迎えることが増えた。60歳を過ぎれば再雇用となり年収は大幅に減る。

誰しもがやがて会社を去るのだ。

その年齢は引き延ばせば65歳かもしれないが、70％の人にとってはもっと早い。たとえば今40歳前後で課長昇進の目が見えていなければそのタイミングが来ている。課長になっていたとすれば45歳が部長になれるかどうかを見極めるタイミングだ。部長だとすれば50歳が役員になれるかどうかがわかるタイミングになる。その年齢を超えてしまうと、職住接近による時間効率アップはさほど意味を持たなくなる。そして社内の出世ではなく、別の出世を考えることになる。専門プロフェッショナルとして生涯現役を目指すか、起業するか、さまざまな副業を持つか。それが社外での出世だ。そしてそのためにはつながりがとても重要になる。

つながる先は同僚でも家族でも友人でも地域でもよい。できれば新たなつながりを作りやすい方が望ましい。そんな視点で住居を選ぶタイミングが多くの人にやってくるのだ。

要約

□社内で出世するためには職住接近はとても効率的

□40歳、45歳、50歳いずれかのタイミングで住む所を考え直すことが有効。それは社内での出世を目指す生き方から、社外での出世を目指す生き方に変わるタイミング

選択4 異動を受け入れるか、今の部署で専門性を高めるか

どんな事情があれば異動を断れるのか

同じ部署に5年ほどいて、専門的なことにも慣れてきたし、部署のメンバーとのコミュニケーションもとりやすくなっている。そんな時に部署を変わる異動命令が出たとすればどう考えればいいのだろう。

専門性の変化とチームメンバーとの関係については企業タイプ別に詳しく記すが、要約すれば、まだプロフェッショナルと言えない状況での専門性の変化はキャリア構築においてマイナスに働くことになる。特に転職を考えている人であれば職務経歴書でのアピールポイン

トが減る可能性が出てきてしまう。

一方で新しい部署の人たちとのつながりは、今いる会社の中では大きくプラスになるし、仮に転職や起業を選んだとしても有用な場合が多い。だから今自分の中に蓄積されている専門性のレベルと、社外に出るタイミングとを踏まえて異動を受け入れるべきかどうかを考える必要がある。

それ以外の事情で異動命令に対して躊躇することがあるとすれば、おそらくそれは①**働く時間の変化**、②**勤務地の変化**、ということが理由になっているはずだ。

たとえば働く時間が変わるということは、残業の頻度が変わることであったりする。今の部署よりも残業が減るのであればよいが、増えるとなれば生活パターンを変えざるを得なくなる。習い事をしていたり、あるいは子どもの送り迎えに影響したりする場合には異動を断りたくなるだろう。

勤務地については、仮に引っ越す必要がなかったとしても遠方になる場合に迷いが生じるだろう。今の勤務地なら電車で30分で通勤できるけれど、新しい勤務地は1時間以上かかるような場合だ。

このような場合、異動することによるメリットと比較してみてほしい。会社のタイプによって異動の目的や事情が異なっていたりするからだ。

ロイヤリティ型企業の異動命令はジョブローテーションの一環

会社がロイヤリティ型であれば、異動命令は受けておくべきだ。その方が今の会社で出世しやすくなる。理由は二つある。

第一に、ロイヤリティ型の会社ではそもそも定期的に部署を変える異動を行うルールを持っている場合がある。それは従業員に経験を積ませるためのものであり、ジョブローテーションと言われている。

たとえばずっと経理畑でもう10年になる。しかし上の経理課長ポストはまだしばらく空く可能性はない。であればマネジメント経験を積ませるために支社の総務課長に異動させてやろう、というような考えを経営層や人事部が持つことは多いのだ。

ロイヤリティ型の会社では従業員とは仲間だ。そして仲間となった人材であればさまざまな経験を積ませながらゼネラリストを育てようとする。ゼネラリストになるためには種類の違う仕事の経験を積むべきだし、社内の多くの人と知り合って一緒に仕事をした経験を持った方がよい。それらの経験はロイヤリティ型の会社における経営の視点を持つのに役立つし、社内の人脈は成果を生み出すためのきっかけになっていく。それらを具体化するためにジョブローテーションという仕組みが導入されているのだ。

メーカーであれば営業しか経験していない人よりも、製造現場も知っており、管理部門も経験している人の方がバランスよく経験を積んでいると判断されるのだ。

異動を断ることができたとしても、その場合には他の人がその経験を積むことになる。だからその分だけ他の人が出世する可能性が高くなってしまうだろう。仮に左遷に見えるような異動でも受け入れて配属先で結果を出せば、将来は抜擢されて経営層の一員になれる可能性だってあるのだ。

第二の理由はやり直すためだ。もしあなたの最近の人事評価の結果が悪ければこちらの理由から、異動を受け入れた方がよい。

人事評価の結果が悪ければ、異動は受け入れるべき

時に異動は評価の悪い人に対して実施されることがある。最近ではどの部署でも十分な人員が確保できていない。少ない人数で仕事を進めているのだから、業務の効率性が重視される。だから仕事ぶりの悪い人を別の部署に異動させることがあるのだ。

ただ人事評価には上司との相性も強く影響する。実際に人事評価結果の推移を見ていると、役員にまで出世している人でも、極端に評価が悪かった時期があったりもする。その理由を聞いてみるとたいていは上司との相性が悪かったということが原因だ。

たとえば指示命令をきっちりと行うタイプの上司の下で、部下が自分の判断で勝手に契約を進めたり、資料を完成させたりすると反感を買う。また部下に任せるタイプの上司の下で、過剰なまでに報告連絡相談をするようだとやはり疎んじられる。仕事ぶりや出している成果はそれなりでも、自然と評価が低くなってしまうことはあるのだ。

経営層や人事部でも、上司と部下の相性は常に意識している。そしてどうしてもあわない関係であればどちらかを異動させる。上司側が複数の問題を起こしているようであれば上司

の方が異動するが、たいていは部下の方を異動させて相性の問題を解消しようとする。

このタイプの異動の場合には、やり直しが効きやすい。たしかに培ってきた専門性は一度リセットされるかもしれないが、専門性そのものの幅を広げることもできるだろう。

要は低い評価だから異動させられるような場合であっても、そのことを前向きにとらえればチャンスに変えられるということだ。

ロイヤリティ型の会社の場合には、そうして異動命令を素直に受け入れる方が人事部の印象も良くなる。それは会社に対する忠誠心の一つとして判断されるからだ。

環境適応型でもジョブローテーションは実施される

環境適応型と定義している企業は、企業の都合は明確にしつつも、従業員側の事情も勘案しようという人事マネジメントを採用している。時代の変化の中でロイヤリティ型から環境適応型に移る場合が多いが、最近できたばかりの企業でも、従業員事情をちゃんと確認してから異動判断をしようとする環境適応型の企業はある。

とはいえ、事情を勘案するとはいっても、よほどのことでなければ異動命令は断れない。

唯一可能性があるのは、働く時間や通勤時間が変わることが生活に極端に影響を与える場合で、それは育児や介護などに関してだ。

人事部としても、異動させてみたものの、育児や介護を理由として残業命令ができなかったりすれば新しい部署の管理職に不満をぶつけられることになる。だから事情の勘案というよりは確認のためであり、可能な限りそういう事情のない人を優先して異動させようとしているのだ。従業員のため、というわけではない。

環境適応型の企業であったとしても、異動はやはりジョブローテーションの一環だ。だからどんな事情であれ異動を断ることはチャンスを逃すことにもなる。もし異動に際してプライベートな事情があるのならそれは仕方がない。しかしそうでなければロイヤリティ型の会社と同様に、前向きに判断してほしい。

人事評価の高い某社課長はなぜ異動になったか

ロイヤリティ型企業はもちろん、環境適応型の会社であったとしても、40代から異動を打診された場合、その意味を強く考えなければいけない。その意味が良くないものであるとすれば、それでもその会社にしがみつくか、あるいは新天地を探して転職するかを判断しなくてはならないからだ。

たとえばある会社の経営企画課長に対して、事業部の営業企画部門への異動命令が来た。幸い勤務地は同じ建物の中だけれど、フロアが違う。そして部署の印象としては、社長や役員とも頻繁にコミュニケーションをとる経営企画課に対して、事業部の営業企画部門はせいぜい事業部長とのコミュニケーションにとどまってしまう。はっきりと言われているわけではないが、なんとなく左遷のにおいがする、ということで相談されたことがある。

「おまけにこの事業部は縮小しつつある国内市場がメインなんで、売上がじわじわと右肩下がりなんです。ご存じのようにうちの会社では事業部業績に応じて賞与の配分が決まるので、本社所属の今よりも賞与が減る可能性だってあると思うんですよね」

この課長の会社は、タイプとしては環境適応型に属していた。なぜなら組織と人事の改革のために進めているプロジェクトのために私が関与していたからだ。売上の20％がすでに海外からのものであるため、グローバル経営にふさわしい組織と人事に移行することが目的だった。そのために組織体制も大幅に変え、あわせて人事評価制度も抜本的に変えるところだった。

経営企画課から営業企画課への異動は左遷なのか

表情を暗くしている課長に対して私はいくつかの質問をした。

「まず最近の評価結果はどうでしたか？」

「良い方でしたね。少なくとも平均よりは上です」

「今の経営企画の後釜になる人はどんな人か聞いていますか？」

「なんでも外資系から中途採用で入ってくる人らしいです。仕事ぶりはわかりませんが、少なくとも英語は堪能らしいので、部長はずいぶんとびびってました。まあ私も英語は苦手ですけれど」

「事業部の営業企画の仕事内容はどういうものでしょう？」

「基本的には事業部ごとの中期計画と年度計画の策定ですね。あとその進捗状況をとりまとめて、その都度、本社の経営企画に報告することです。今私がやっている仕事がそれらの進捗をとりまとめて役員会資料にすることですから、ちょうど立場が逆になる感じです」

「ちなみに経営企画以外のご経験はどんなものでしょうか？」

「経営企画に来る前は別の事業部で営業をしていました。ずっとトップクラスの営業成績だったんで、それで経営企画に異動になったと聞いています」

つまりこの課長の場合、人事評価の結果は平均よりも上の状態が続いているけれど、組織変革に伴う新しい人材の採用にあわせて、もう一度事業部側に配属される、というように理解ができた。仕事の内容については、今までが俯瞰的だったのに対して、個別の事業部に入り込むものになるので視点は一段階下がる。とはいえより具体性を帯びるとともに、事業そのものに携われることは大きなメリットになるはずだ。

40代からの異動は「ポストのその先」で判断する

「伺った情報から判断すると、会社はあなたに期待しているように思えますね。ぜひ異動して活躍されてみてはどうでしょう」

そう答えた私に、彼は理由を訪ねてきた。なぜこの異動が期待されていることになるのか、と。

理由は「ポストのその先」にあった。仮にこの課長が今の経営企画に居続けたとして、会社はグローバル経営に舵を切っている。そこでの経営企画となれば英語力はもちろん、海外勤務経験も重要だ。しかし社内でそういった経験を今から積ませるだけの時間的余裕はない。だから経験者を中途採用したわけで、経営企画部長やその上の役員ポストに彼が出世できる可能性はかなり低くなっていると考えられる。

一方で社内でも優秀であると評価されている彼をそのままにしておくのはもったいない。だから国内で伸び悩んでいる事業部に企画課長として配属し、その立て直しを頑張ってほしいと考えている可能性が高い。おそらくはそのための人事だ。

そして仮に彼が事業部の立て直しに成功すれば、営業経験もあるのだから、その先の事業部長に昇進できる可能性もある。

つまり今のポストに固執すると次のポストが見当たらないけれど、異動を受け入れるとさらに出世できる可能性があるということだ。

そのことを理由として説明することで、彼は新しい事業部営業企画課長への異動を快く受け入れることができた。

ちなみに彼のその後だが、事業部の立て直しそのものは横ばいの状態だった。それだけ環境変化は厳しかったのだ。しかし彼の評価は下がることがなく、やがて本社の管理部長として戻ることになった。経営企画とは別ラインで、中途採用から昇進した経営企画部長ともうまくやっている。

もちろん40代からの異動は、メリットよりもデメリットの方が大きい場合もある。次のポストがないような異動だってあるだろう。

しかし一方で前著『出世する人は人事評価を気にしない』にも記した、役職定年そして60歳からの再雇用という人事の仕組みは今後さらに厳しくなる。すでに35歳の年収が人生の最高額だったという時代になっているからだ。また早期希望退職も増えこそすれ減りはしない。だからデメリットの多い異動を受け入れることで会社に長く居続けられるのであれば、それは最終的にメリットが大きくなる選択になるだろう。

異動命令が会社からの「三行半」になるケース

自立型の会社での異動命令は、ロイヤリティ型や環境適応型の会社とは事情が大きく異なっている。たとえば会社が自立型で自分の専門性が明確であるにもかかわらず、職種を変えた異動命令が出されたとすれば、どう考えればいいのか。

残念ながらその異動命令はまず間違いなく遠回しな退職勧奨だ。幸か不幸か日本では表立っての退職勧奨が行われない。契約概念で雇用をする自立型であってもそれは同様で、仕事が不出来であったとしても正社員には別の職種でのチャンスを与えなければいけないという法的解釈に従っている。だから自立型の会社における職種を超えた異動とは会社側からの遠回しなメッセージだ。

ではこの異動を断ることはできるのだろうか。

たとえばＳＥとして経験を積んできた人がある日、営業に回ってくれと言われる。ロイヤリティ型の会社ならあたりまえのことだけれど、自立型の会社では営業には営業のプロがいる。そもそもＳＥと営業では行動や意識も違う。だから断りたいと思う人がいてもおかしくはない。

異動命令が出る背景には二つの理由が考えられる。

一つは社内においてその人の職種や専門性が不要になっている可能性だ。事業そのものを縮小する場合もあるだろうし、あるいは同じ専門性であってもそのタイプが変わるような場合だ。ＳＥ職の例で言えば使用言語の変化が原因となったりする。

二つ目は異動先の職種にまだ人材がいない場合。新しく人を雇うにはリスクが高いと判断したとき、自立型の会社とはいえ社内で向いていそうな人、あるいは今の仕事で成果を出せていない人を異動させてまずやらせてみようという場合がある。

自立型企業では成果を出している人をわざわざ異動させせない

いずれが理由であったとしても、もちろん異動命令を断ることは可能だ。しかし実はそれは退職を選んだのとほぼ同じ意味になる。自立型の会社では、今の職種で成果を出している人をわざわざ異動させようとはしない。それは会社にとっても大きな損失になるからだ。だから自立型の会社で職種を超える異動の対象になった時点で、異動したとしても会社には損失にならないと判断されたということだ。

だからとるべき選択肢は二つしかない。職種を変えてでも会社に残るか、転職・起業などで社外に出るかだ。

もちろん職種を変えて会社に残る選択肢は有効だ。ただし自立型の会社である以上、異動したあとに「やっぱりできませんでした」とは言えないので、その分だけ努力は必要になる。とはいえ自立型の会社で複数の専門性を持つ機会はなかなか与えられないのだから見習いからの再出発であったとしてもチャンスとすることはできる。

一方で退職を選ぶのはどうだろう。転職や起業を考えてみる選択肢だ。あなたが今持っている専門性で食べていこうと考えているのなら、ぜひこちらを選んでほしい。

近年早期希望退職を募る会社が多い。早期「希望」退職ではあるが、実態としては退職勧奨が行われる。この時の常套句が、「現在あなたに担当してもらっている仕事がなくなります。会社に残ってもらうとすれば、別の○○という職種に異動してもらうことになります」そのことを踏まえて、今回の制度に応募するかどうかを考えてください」というものだ。

実際私自身もそういう制度の設計を数多く行ってきたので、会社側の考えや事情もわかる。だから知人から「早期希望退職に応募しないと別の仕事に回されるんですけれどどうすればいいでしょう」という相談を受けた時には必ずこう答える。

「退職金を積んでもらえるうちに応募した方がいいですよ。多分その仕事がなくなるのはあなただけじゃなくて、会社全体で、でしょうから。残っていても今までやっていた仕事は絶対にさせてもらえません」

さらに一つ付け加えるとすればこうも言う。

「もし可能なら、転職や起業のための活動をするために3カ月だけでも会社に籍を置いてもらえるように交渉することをお勧めします。転職については最近でこそ就職の空白期間を気にしない会社も増えましたが、あえて空白期間を作る必要はないですからね。起業にしても会社の名刺がないと会えない人もいるかもしれませんから」

交渉というと大変に感じるかもしれないが、会社側の異動命令が実質的な退職勧奨だとすれば、交渉できる可能性は高い。

いずれにしても自立型の会社を選んだ時点であなたはキャリア構築を自己責任で行わなくてはならなくなっている。ロイヤリティ型や環境適応型の会社とはその点が大きく異なっている。

要約

□ロイヤリティ型・環境適応型の会社での異動はジョブローテーションの一環であることが多い。ぜひ前向きに検討しよう
□40歳からの転勤は、その次のポストがあるかどうかで判断する
□自立型の会社での職種を超えた異動命令は深刻にとらえるべき

選択5 転勤に応じるか、家庭の事情を優先させて断るか

ロイヤリティ型企業では転勤を断ると出世の芽はなくなる

転勤に関する人事の事情を会社のタイプごとに見てみると、それぞれの特徴がわかる。

特にロイヤリティ型の会社での転勤はどんな状況でも受けなければいけない。そうしなけ

れば出世の芽はほぼなくなってしまうと考えた方がよい。

第一に、それは出世するためというよりは、競争から外されないためだ。同期間の出世競争（ランクオーダートーナメント）は、新卒採用を基本としてきた多くの日本企業の常識だ。都銀や官公庁など、今なおバツがつかないようにすることを常に意識しなければいけない組織は多い。

なぜ**転勤を断ると競争から外される**のか。それは**「会社都合での転勤を断る」ということは「残業を断る」こととはレベルが違う**からだ。残業を断ったとしても定時内の仕事できっちりと結果を出していれば問題はないが、転勤はより大きな意味での会社都合だ。それを断るということは、ビジネスよりも優先するものがあるということであり、すなわち会社に対する忠誠心が低いということの証明になってしまう。

第二に、転勤も異動である以上、ジョブローテーションの一環として従業員に経験を積ませるために行う場合があるからだ。その異動が転居を伴うだけで、会社としては善意での異動判断だと考えていることもある。

そのような転勤を断るということは、忠誠心が低くて、チャンスもみすみす手ばなしてしまう人物だという評価を受けてしまう。残念ながらロイヤリティ型の会社は、そのような人材が将来出世できるタイプの会社ではないのだ。

もしあなたがいる会社がロイヤリティ型で、どうしても転勤が難しいとすれば、残念だけれども社内での出世は難しくなるだろう。その時には社外での出世を目指してほしい。

環境適応型でも出世したければ転勤は断ってはならない

環境適応型と定義している企業では、転勤に際してまず家庭事情を確認してくる。特に近年、介護や育児などの事情を踏まえて転勤判断をする企業が増えている。

しかし環境適応型だといっても、どんな事情でも転勤を断れるわけではない。たとえば今住んでいる地域に友達が多いから、生活に慣れているから、というプライベートな事情で断ることはほぼ不可能だ。あるいは慣れた仕事から変わることが不安だ、引っ越すことが面倒だ、というような心理的な都合も考慮されることはほとんどない。あくまでも、介護や育児、あるいは配偶者の勤務都合など、自分ではどうしようもないライフイベントだけが事情として許される。心理的な不安を口にするようであれば、人事部や上司側はこれをきっかけにさらに成長するように親心を出して積極的な説得を試みるだろう。

重要なことは出世、すなわちキャリアをどのように考えていくべきかという点にある。

ジョブローテーションの仕組みがそうであるように、ロイヤリティ型や環境適応型の会社は、30代前半までは、企業側が出世のキャリアを考えてくれている。20代であれば特にそうだ。ある部署で結果を出せなくても、次の部署では成長するかもしれない。だから積極的に新しい部署に配属してみようと考える企業は多い。適材適所は決してお題目ではないのだ。多くの企業の経営層や人事部は、真摯に従業員の成長を考えている。

20代であれば逆に少しぐらい出来が悪い方がチャンスがある。なぜなら20代で優秀であると認められた人材は、最初に配属された部署が手ばなそうとしないからだ。その部署が成長している部署ならいいのだけれど、横ばいや右肩下がりの状況だったりすると、結果的に異動を繰り返す同期よりも経験の量と質で劣る場合もある。

だから転勤をしたくない事情がライフイベントでないのなら、キャリアを積むためにも受け入れた方がよい。仮にライフイベントを理由として異動・転勤ができない場合には環境適応型の会社であっても若干出世が遅れることになるが、それでもロイヤリティ型のように完全に競争から外されるわけではない。

しかしもし転勤を打診された人の年齢が40代だとしたら?

社内政治によって起案された転勤は断ってよい

あなたは今住んでいる場所をどのように選んだだろうか。

生まれ育った家に住んでいるだろうか。そうではなくとも生まれ育った地域に住んでいるだろうか。大学への進学、あるいは就職にあわせて転居した人も多いだろう。もしあなたが転居を経験しているのであれば、その時に人生が変わったことを感じているはずだ。

人間が変わる方法は3つしかない、と言ったのは、日本で最も著名なコンサルタントの一人である大前研一氏だが、彼が示した方法の一つが住む場所を変えることだ。私自身も今までに6回転居を経験している。大規模なコンサルティングプロジェクトごとに転居したわけだが、その都度付き合う人、生活における時間配分が変わってきた。そうしてその変化があったからこそ今の自分がいる。

転勤は会社の中での出世要素であるとともに、ビジネス上のキャリアパスを形成する。さらにそれだけではなく、人生そのものを変えるきっかけでもある。だからもし私が個人的に転勤について相談を受けたのなら、積極的に受け入れることを勧める。

ただし、次の場合には転勤を断ることを勧めるだろうし、実際にそうしてきた。

それは転勤があきらかに社内政治によって起案された場合だ。そしてあなた自身がすでに課長以上のポストについていてさらに上の役職への昇進が視野に入っている場合だ。

転勤は「48歳」という年齢を基準にして考える

関西のある建設業で、小さいながらも一つの事業部を任されていた部長がいた。この会社では複数の派閥があり、残念ながら部長は次期社長派には属していなかった。そうして異動の時期に、部長に転勤を伴う異動の内示があった。それは東京支社長への就任だった。

通常、東京への転勤は栄転と言われる。それはもちろんこの建設業でもそうだったのだけれど、2人で並んで座った酒の席で部長は苦悩を打ち明けてくれた。

「これ、左遷ですわ」

「え？　まさか」

驚いた私に部長は苦笑いした。

「平康さんにはまだ伝わっていないと思いますが、次の株主総会で社長が代わるんです。それにあわせて私の1つ年下の部長がいるでしょう。あいつが取締役になります。私は東京支社長になりますが、部長級どまり。要は最後のお勤めということですわ。おまけに事業部からも外されるんで、結局支社長といっても営業のとりまとめだけです」

部長の言葉を聞きながら、出世競争に敗れた悲哀を痛切に感じた。しかしそれでもなお、最後のお勤めの機会をもらえるだけ彼は恵まれていた。役職定年はまぬがれることができるし、その後の再雇用の待遇も手厚い。

社内政治に敗れたのが仮に40代後半だとすればどうすべきだろう。転勤を伴う異動が実質左遷であったとすれば、会社が面倒を見てくれるのはせいぜい5年が上限だ。そのあとはお決まりの役職定年から本当の定年、そして再雇用が待っている。

こういう状況であれば転勤を断り、そして新しいきっかけを作っていくことを勧める。もちろんあえて転勤を受け入れて復活を期することも考えられる。しかし60歳や65歳という出口が決まっている企業組織の中では、それは「48歳前後」が限界だ。それ以上の年齢で望まぬ転勤を求められる場合には、後述する世代別の生き方を参考にしてほしい。

海外への転勤はリスクを伴うが、キャリアの大きなチャンス

海外への転勤が増えている。若手を優先して海外に配属する会社も多いが、現地でのマネジメントを担当させるにはやはり一定の経験が必要だ。結果として30代後半から40代の人に対してもどんどん海外への転勤命令が出ている。

たとえばあるサービス業で、40歳ちょうどの営業課長代理に転勤の打診が来た。東京本社から、進出したての海外支社への異動だ。ポストは現地の営業マネジャー。課長級であり、昇進を伴う。給与も現地建てと日本国内の支給とそれぞれあるので、年収はかなり増える。

しかし、彼には私立中学に合格したばかりの子どもがいて、とてもついてきてくれとは言えない。だから単身赴任になるので、ずいぶんと悩んで私に相談された。

「政情も安定している国じゃないし、不安が多いんです。英語はまあなんとかなるとは思うんですが、部下はみんな現地の人だし、考え方や習慣も違うでしょう。家庭の事情をでっちあげてでも断れるなら断りたいんですが……」

そこで彼に状況を整理してもらった。

デメリット・政情の不安定さと家庭事情から、単身赴任になる
・赴任期間はとりあえず2年だが、長くなる可能性もある
メリット・課長級に昇進でき、年収も増える
事実・グローバル企業として成長を目指す、という年頭訓示があった
・社長はもと北米担当役員で海外が長い

そこまで整理してみてようやく彼は気づいたようだった。

「なるほど。この転勤は課長級になれるだけじゃなくて、その先のキャリアアップのチャンスなんですね。ただし生活面でのリスクが高いこととのバーターだと」

彼は結局、海外転勤を受けて単身赴任した。今は2年の約束を超えて3年目に入っている。支社立ち上げは完全に順調というわけではないので課長級のマネジャーのままだけれども、新しい市場での取り組みは彼の生きがいにもなっているようだ。家族とは年に数回しか

会えないが、海外の働き方にあわせて長期の休暇をとり、なるべく長く一緒の時間を過ごすようにしている。また日々のｗｅｂカメラを通じてのやりとりも欠かしていない。

もちろん海外転勤は転居の最たるものだ。だから人生に対する変化の度合いも極めて大きい。それはリスクでもあるが、その分だけチャンスでもある。

また海外に出ると、日本での働き方や、積んでいるキャリアを客観的に見ることができるようにもなる。

たとえば働き方ひとつを取ってみても、時間に対するとらえ方がまったく異なる。第3章で詳しく記すように、日本での働き方はたとえ正社員であったとしても時給的な考え方だ。労働法が古いままで据え置かれているし、ホワイトカラーエグゼンプションに対しての否定的な見解も強いので、どうしても私たちは働くこととは自分の時間を切り売りすることだ、という概念にとらわれがちになってしまう。

しかし海外のビジネスパーソンたちの働き方を目の当たりにすると、それが日本独自の特殊な状況であることがわかってくる。24時間働きづめのエリートもいれば、毎日6時間程度しか働かない職種だってある。それらはすべて契約に基づいて定められていることであり、その契約は現在の環境にあわせてその都度変わっているのだ。それらを理解しておくことが、自分自身でキャリアを積み上げていく準備にもなるだろう。

自立型の会社での転勤は「契約見直し」の視点を持つ

では日本国内においてもすでに自立的に働くことを求められる自立型の会社で、転勤命令が出たとすればどう考えればよいだろう。

その転勤が職種の変更を伴うものであれば、異動の項に記した内容と同じく、会社からの三行半《みくだりはん》の可能性が高い。

しかし同じ職種での転勤であるとすればどう考えればいいだろう。やる仕事は同じだけれど引っ越さなければいけない場合だ。

このような場合には、自分と会社との間にある契約関係をもとに条件を考えてみよう。あなたが会社にとって有用な人材であれば、特例を作ってくれることもあるからだ。だから就業規則に転勤に関するサポートの制度がなかったとしてもぜひ交渉してみよう。

たとえば、自立型と言える某ＩＴ企業で働いていた知人が遠隔地に転勤するというので、送別会をしたときの話だ。東京の本社から福岡の取引先に部長として出向するとのこと。独身で自由に生きているので転勤も簡単なんだろうと思ったが、「いや、彼女には怒られましたよ」と笑っていた。

では彼はどうしたのか。

彼の出向期間は1年間ということだった。1年間で出向先の業務システム全体のシステム監査を行い、新しいシステムへ移行するための基本計画を策定することが彼の新しい職務だった。会社としてはその新システムの設計および開発のプロジェクトマネジメント業務を受託することが目的なので、彼への期待は大きかった。

しかし彼にしてみれば、1年間の出向のために現在住んでいる東京のマンションを引き払うのもばかばかしい。もう一度戻ってきたときの費用もばかにならない。そこで彼は経営層と交渉し、転居に伴う費用をすべて計算して示した上で、転勤ではなく出張形式で異動することにしてもらったのだ。つまり東京の自宅の賃貸契約はそのままで、毎週月曜日の早朝の飛行機で福岡に出勤する。月曜から金曜までは出向先まで歩いて通えるビジネスホテルに投宿する。そして金曜日の夜にまた飛行機で東京に戻る、という生活だ。

転居ではなく、長期出張の繰り返しというこのタイプの転勤を見ることが増えた。あなたの周りにもそういう人がいるのではないだろうか。

ただし転勤を長期出張型に切り替えた場合、転居という環境変化を得るチャンスを失う。転居をしないことが強いメリットになるのでない限り——たとえばすでに起業の準備に入っているとか、サイドビジネスのためにも今いる場所を離れるわけにはいかないとか——でない限り、転勤をチャンスとしてとらえることを勧めたい。

要約

- □ロイヤリティ型・環境適応型の会社で出世を目指すなら転勤は受け入れるべき
- □転居を伴う転勤は、チャンスとして考える。ただし「48歳」という年齢を基準として熟考すべき
- □海外転勤は大いなるチャンス
- □自立型の会社では転勤ではなく長期出張という選択肢が生まれている

選択6 育児休暇をとるか（どのぐらい長く取得するか）

育児と出世の期間的関係

共働き世帯はすでに60％に達している。しかし世帯平均所得は減りつつあり、共働きでなければ育児がそもそもできない状況になりつつあることが、厚生労働省の国民生活基礎調査からわかる。

会社の中で給与を増やす方法はすでに年次昇給ではなく昇進による昇給がメインになっている。だから出世しなければ給与は増えないのだけれど、育児と出世との両立は可能なのだろうか。

課長になる平均的な年齢は統計により若干異なるが、おおよそ40歳手前だ。部長になるのは45歳前後。だから**出世しようと思えば30代半ばから40代半ばあたりに最も努力しなければいけない。**

一方で平均初婚年齢は現在30歳を少し過ぎている。あわせて初産の年齢も後倒しになっており、特に都市部では晩婚化・晩産化が進んでいる。育児はそこからスタートするが、就学前期間だけでなく、小学校や中学校でも親の参加は重要だ。

これらの事実が示すことは、「出世に注力する期間と、育児期間が完全に重複してしまっている」ということだ。そして残念ながら、多くの企業では育児に注力する人は出世から遅れることになる。

出世ロジックが時短者・休職者を排除する理由

企業タイプを問わず、出世の基本的なロジックは、「候補者の選抜→昇進判断」というステップを踏む。

重要なことは選抜基準にある。企業タイプを問わず、まず選抜の際に過去の人事評価の結果を確認する企業が大半だ。もちろん人事評価の結果が良いからといって必ず出世できるわけではないが、評価結果が良ければ少なくとも候補にはあがる。仮に出世にふさわしくない行動をとっていたとしても、それは後段の昇進判断の際に確認される内容だ。

なぜ育児が出世を阻む壁となってしまうのか
育児年齢と働きざかり

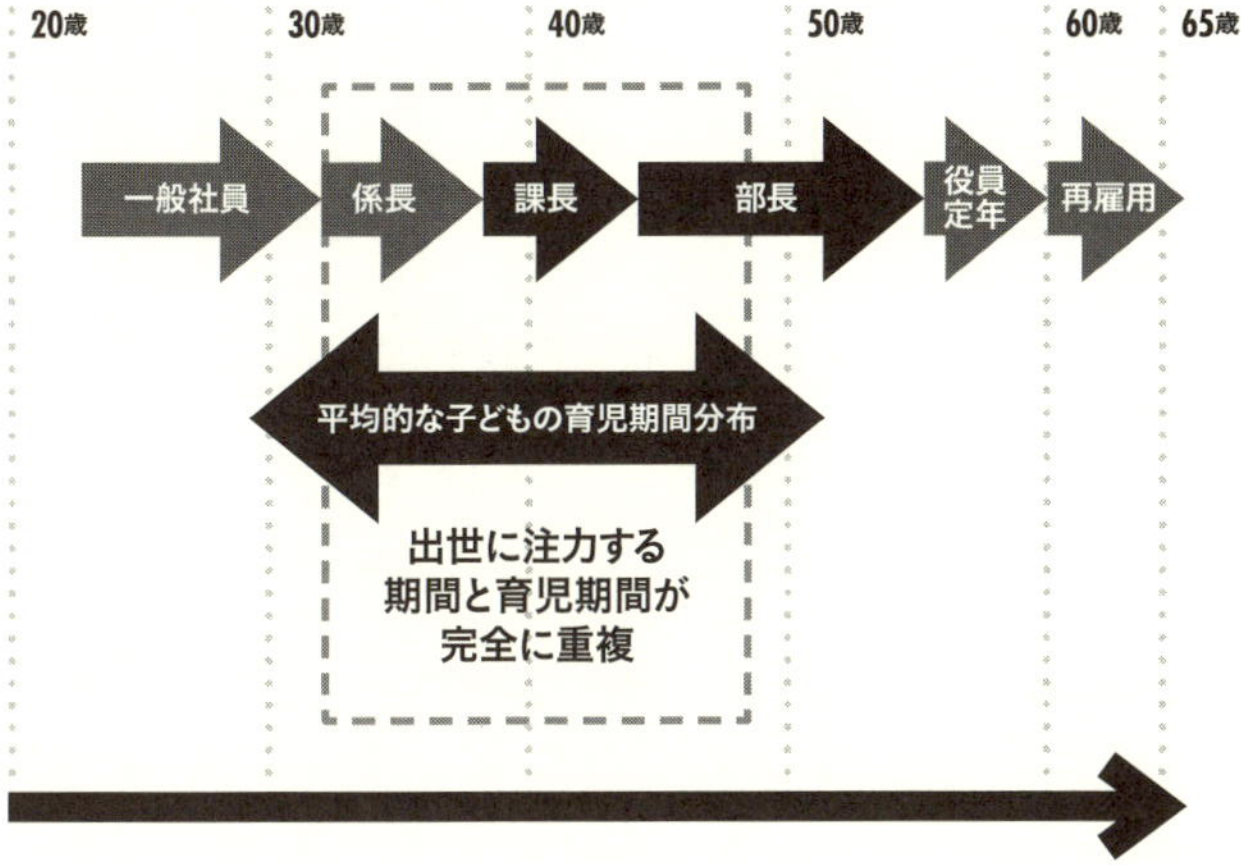

この過去の評価結果という選抜基準がある企業では、休職は出世の放棄と同じ意味になってしまう。その理由が出産だろうが育児だろうが介護だろうが同様だ。なぜそうなるのかといえば、休職取得した期間を人事評価の対象外とする企業が多いからだ。企業によっては人事データ管理のために休業期間も評価結果を残す場合があるが、たいてい最低評価かその少し上の評価しかつけない。5段階であれば1か2の評価をつけるということだ。

この過去の評価結果だが、一般的には単年度で見ない。過去2年、あるいは3年の結果を見る。そこで平均点を出したり、あるいは標準未満の評価結果をとったりしていないかを確認する。

しかし休職した人は評価そのものがないか標準未満の評価しかついていない。だからその影響はその後数年続いてしまうのだ。仮に平均的に30歳で係長になる会社で、28歳時点で休職したとしよう。30歳の昇進判断のためには27~29歳の期間の評価結果を見る。しかし28歳で休職している場合は評価結果がないか低い。そこで平均的な昇進から漏れるわけだが、彼／彼女が再び昇進候補にあがるのはなんと32歳時点だ。1年の休職が2年の出世の遅れになってしまうということだ。

時短についても同様だ。子どもを迎えに行くためにいつも定時よりも1時間早く退社する人に対してはまず給与をその分だけ減らす。それ自体は納得性があるかもしれないが、さらに評価まで1段階落とすような会社も多い。その結果やはり出世する速度は遅くなってしまうのだ。

育休・時短による昇進の遅れを会社はどう見るか

この出世判断の方法についてあなたは間違っていると思うだろうか。

実は多くの会社の人事部門で、この問題についての議論は何度も繰り返されてきている。優秀な人物がライフイベントを理由として高いポジションで活躍できないことは大きな損失だ、ということをまっとうに議論する会社はとても多い。

しかしロイヤリティ型企業ではたいていこんな意見でつぶされてしまう。

「同じだけ優秀な人材だとすれば、経験が長い方が活躍する可能性が高いでしょう」「年をとってから昇進しても本当に優秀ならどんどん出世しますよ」「そもそも仕事から離れているんだから勘も鈍っているだろうし、リハビリ期間が必要じゃないですか」「休職していた人や短時間勤務の人をその同期と一緒に昇進させたりしたら、休職していなかった連中が納得しませんよ」

環境適応型の会社では女性活用を目的として、候補選抜のための期間を短縮する取り組みも増えている。複数年ではなく単年度の結果だけを見て候補を選ぶような取り組みだ。

自立型の会社で、ポストや職務に応じて昇進判断をする場合には休職がハンデにならない場合もある。とはいえそういう企業の割合はとても少ない。

育児しながらでも出世できるのか

出産・育児のために休職する女性ですらそのような扱いを受けるのだから、男性が育児のために休職したり、あるいは時短の制度を活用したりするとどうなるのかはおのずとわかるだろう。残念ながら会社の昇進についての仕組みがそうなっている以上、人事制度そのものの改革を進めない限り、育児のために休職する人は出世できない。仮に出世できたとしても数年単位で遅れてしまう。そして数年の遅れは、より高いポジションへの昇進可能性を低くしてしまう。

現状の出世ロジックを前提とする限り、どんな事情であったとしても休職期間は短い方がよい。これは仮に多くの会社が自立型になっていたとしてもそうだ。

実は育児休業期間については国によってばらつきが大きい。フランスやドイツでは育児休業を最長3年まで取得できる制度があるが、アメリカやイギリスではおよそ3カ月まで。日本は今、フランスやドイツに近い制度に移行しようとしているわけだ。

ではどちらがキャリア構築のために有効なのかといえば、これは国ではなくビジネスのタイプによるのだ。判断軸は専門性と顧客で見るとわかりやすい。

小売業の店舗接客や、事務、ルートセールスは休職の影響が小さい

たとえば今担当している職務が、不特定多数の顧客を対象としているもので、なおかつ専門性の度合いが小さいとする。その場合には休職によるキャリア中断の影響は最も受けにくい。顧客との関係性を維持する必要が少なく、かつ経験による専門性の向上が重要ではないからだ。ただこのタイプの職務は入れ替えも容易である点に注意しなくてはならない。たとえば小売業や飲食業での店舗接客などが典型的な例だ。しばらく現場を離れていたとしても職務に戻ることは容易だが、すでにその職務を別の人が担当してしまっているかもしれない。

特定少数の顧客を対象としていて、専門性が小さい職務もキャリアの中断に強い。ただし特定少数の顧客とのつながりが重要視される場合には、忘れられない程度の期間で戻らないと、関係性をイチから作り直すことになるのでパフォーマンスは下がる。ここにあてはまるのはたとえばルーチンの事務作業や、ルートセールスなどの定常的な職務が多い。

専門性が高い仕事ほど、キャリア中断の影響が大きくなるが……

顧客が不特定多数であったとしても、求められる専門性が高くなるとキャリアの中断の影響は大きくなる。専門性は学習と経験によって成長するが、その経験の部分が失われるからだ。マーケティングや商品開発などの職務がここにあてはまるだろう。また特定少数の顧客を相手にしていたとしても、その顧客が常に入れ替わるようなプロジェクト型組織もこのタイプに属することになる。コンサルタントがその一例だ。

だからこのタイプの職務の場合、せめて学習は怠らないようにしなくてはならない。また可能であれば定期的に環境変化についての情報を共有してもらうことで、求められる専門性にどのような影響が出ているのかを把握しておくべきだ。

キャリアの中断が最も強く影響するのは、特定少数の顧客に対して高いレベルの専門性を発揮しなければいけない職務だ。関係性の維持が日々の必須事項であり、さらに顧客とのビジネスの中で培う経験で専門性を高めるスパイラルが生まれているような場合、そこから外れることはキャリアで大幅な遅れをもたらすことになる。ＢtoＢビジネスにおける営業の多

育休取得の影響が大きい職種と小さい職種
キャリア中断による影響度

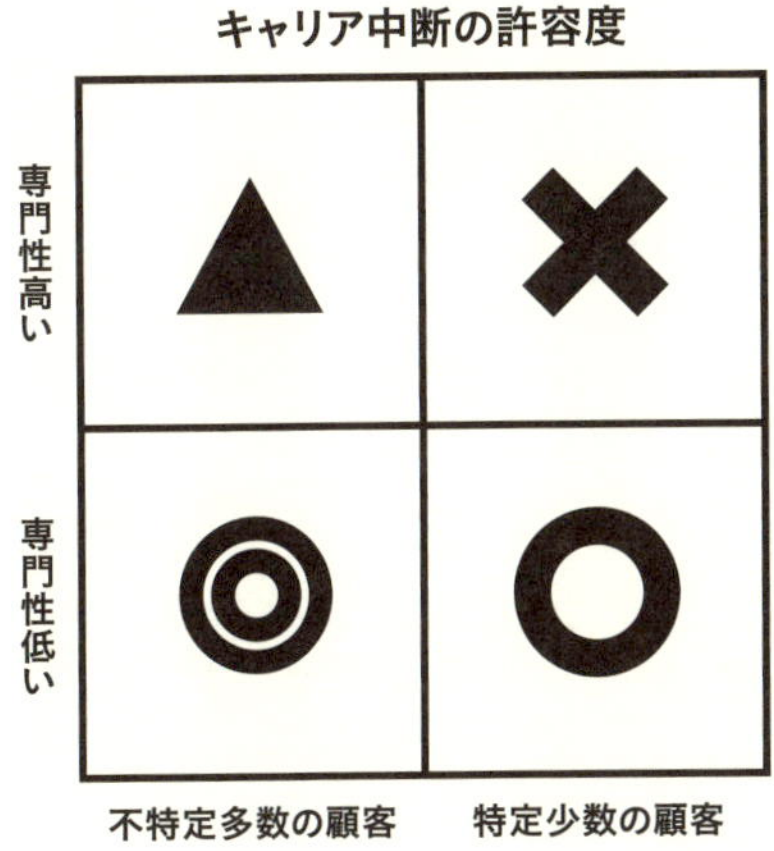

くはここに含まれることになるだろう。

　仮にこのような職務についている場合にはどうすればいいのか。成功している事例から見ると、「顧客を変える」ことが有効だ。具体的には復職とともに同じ専門性を求められる別の部署への異動をすることだ。このようにした場合、少なくともこれから生み出す成果においては休職期間のデメリットが消えて、単なる異動のデメリットだけが強調される。

育児しながら順調に昇進した人の成功パターンとは?

厳しい環境ではあるが、そのような状況下で少数派ながらも、育児をしながら出世している人も増えてきている。個別事例になるが、共通する要素はある。休職する期間をなるべく短くする、生み出す成果の量とレベルを変えないようにする、といったことだ。

以下の成功例を、育児と出世との両立を考えるきっかけにしてほしい。

【集中分担型】

一番多いのが夫婦でそれぞれ分担しながら育児を進めるタイプだ。前提としてフレックスタイムや裁量労働制のように、自分である程度勤務時間を融通できる人事制度が必要になる。

ある夫婦の場合、子どもの朝の面倒は夫が見て妻は早くから出勤する。夕方は逆に妻が早く帰って子どもの世話をして夫は遅く帰ってくる、というような分担をしている。ちなみにこの例では夫は同期の中でもかなり早く昇進しているし、妻の方は専門職として活躍している。

また別の夫婦では曜日による分担制を敷いている。夫・妻の双方とも週に何日かは自宅勤務が可能なので、その仕組みを用いて育児を分担しているのだ。

【時期ずらし型】

少々極端な例になるが、計画的出産で出世と育児の時期をずらした例がある。つまり妻が管理職に昇進してから出産するような計画をたて、その通り実行したのだ。高齢出産にはなったが、お子さんは健やかに育っているし、妻も管理職として今も活躍している。今は課長だが、数年すれば部長になる芽も見えている社内の出世頭だ。

【挽回型】

自分たちの優秀さに自信を持っているある夫婦は、出産後に妻が育児休業をとった。完全に育児に専念し、夫も可能な限り育児を支援した。ただしその期間を半年に短縮したのだ。現在多くの会社では育児休業期間を長期化しようとする取り組みが増えているが、ちょうどその逆の行動をとったわけだ。またその前に妊娠がわかった時点で、夫婦ともに時短をとらなくてすむような準備を済ませていた。具体的にはそれぞれの会社に短時間で通える場所への転居、その近辺での保育施設の確保、週に一日のベビーシッターの依頼などだ。
1年未満の育児休業であれば評価への影響を低くすることができる。そうしてこの夫婦は休業期間をデメリットにしないような活躍を続けている。

要約

□休職期間があると出世が遅れてしまう会社が大半。それは人事制度の仕組み的な問題のため
□職務に求められる専門性と顧客のタイプによって、休職に対する影響度合いは異なる。自分が行っている職務の特徴を見極めるとよい
□夫婦共働きで育児しながら出世している例は少ないが存在する

選択7 人事面談では上司に成果を強くアピールするべきか

人事面談でアピールすることは損か得か

「目標管理制度」という人事の仕組みがある。大半の会社で採用されているこの仕組みは、期初に目標をたて、期末に結果を評価して、給与改定（昇給・減給）や賞与額、昇進などに反映しようとする仕組みだ。人によって達成できた目標もあれば、惜しくも達成できなかった目標もある。惜しかった理由によっては、たとえ未達であったとしても理由をしっかりと述べてなんとか達成扱いにしてもらうことも考えるだろう。実際に私が多くの会社でチェックしてきた目標管理シートの記述内容には、数値的には若干未達であっても、自己評価では「達成」としているものが多かった。シートには未達に至る理由が記載されている。未達の原因は自分が悪かったのではない、環境がそうだったのでどうしようもなかった、というようなことだ。あるいは目標がそもそも高すぎたので、これくらい出来ていれば十分認められるはずだ、というような内容だ。

評価シート上でそういうアピールをする人は多いのだけれど、じゃあ面談の場でもそうすることがよいのだろうか。

実際の面談の現場を見てみると、評価シートの自己評価は強気なのに、口頭でのアピールが弱い人が多い。たとえば評価シートでは98％の達成度だったけれど、C評価（未達成）ではなくB評価（達成）として自己評価している。その理由もちゃんと書いている。でも上司に「これは未達だからCだよね」と言われると「まあ……そうですね……」と引き下がってしまう人などだ。もちろん一部には「いや、そこに書いたように理由があります。だからB評価で当然だと思います」と強くアピールする人もいるだろう。

なぜ自己評価は高めにした方がいいのか

では自分が出した成果や言い訳を強くアピールするのと、素直に上司の言い分に従うのと、どちらが得をするのだろう。

実はこのことについては、統計的な答えが出ている。**強くアピールする方が得をすること**

が多いのだ。私が人事制度と運用の設計を行い始めた当初、その事実を統計的に分析し確認するまで、人事コンサルタントとして何度も苦々しい思いをしてきた。今ではそのようなアピール上手な人が得をしないような制度と運用の設計がはっきりしているが、会社の評価制度にもし「自己評価」があるのなら、その使い方を示そう。

まず、自己評価はなるべく高めにする。目標が未達成であったとしても、達成として記載する。達成していたのなら、さらに上位の評価になるような記述をする。

次に、理由をしっかりと書く。未達成を達成とするのであれば、周囲の環境やクライアント側の事情などを理由として記述しよう。達成をさらに上の達成とする場合にも、どれだけ厳しい環境の中で達成したのか、ということをアピールすればいい。

そして面談の場で、そのことについて再度話すのだ。仮に「とはいえ未達成じゃないか。これだと達成扱いにはできないよ」と上司に諭されたとしてもこう言えばいい。

「評価は会社がするものですからお任せします。でも私自身は自己評価に書いたような理由から、十分に認められるべきだと考えています」と。

厳しい上司であれば数値の結果に基づくデジタルな評価をするだろうけれど、多くの上司はあなたの自己評価をそのまま採用しなくとも、一つか二つの項目については尊重してくれるだろう。

自己評価という制度上のワナ

アピールする人、昔の言葉で言えば「パフォーマンスが上手な人」が得をする原因は自己評価という仕組みにある。

もともと自己評価という仕組みが人事制度に組み入れられている理由は、ギャップを理解するためだ。自分ではできていると思っていることが、他人の目から見たらそうではない。そのギャップを面談の場ですりあわせることで、成長や改善につなげていくためのものだ。

しかし自己評価の仕組みを導入した会社での経年的な評価結果を分析していくと、おかしなことがわかった。全体的な評価結果が常に高くなってしまうのだ。だから人事部では評価をする管理職に何度も教育をしたり、あるいは最後に出た評価結果を無理やり相対的に調整して低くしたりすることになっていた。

人事評価には「自己評価→課長による一次評価→部長による二次評価」というような段階

が設定される。それぞれの段階ごとの平均や分布を調べてみると、中でも自己評価の結果が常に高いことがわかった。課長や部長はそこからせいぜい1段階しか調整していなかったので、結果としての最終評価も高止まりしていたのだ。

原因はアンカリングという心の動きのためだった。2002年に行動ファイナンス理論でノーベル賞を受賞したダニエル・カーネマンが示したこの考え方に基づいて人事評価を考えてみると、次のようなことがわかったのだ。

自己評価が5段階の3についている人の最終評価は2から4の間に分布している。自己評価が5段階の4についている人の最終評価は3から5の間に分布している。

つまり人は、最初に示された基準からすべての物事を判断してしまう癖があるのだ。それがアンカリングであり、管理職への教育を徹底したとしても、その人間が本来持っている癖はどうしてもなおせなかったのだ。それが自己評価のワナだ。

また評価者によってはあえて自己評価を尊重する場合もあった。なぜなら1段階の評価修正であれば説明がしやすいけれど、2段階の修正をする場合にはちゃんと理由を説明しなければいけなくなる。しかし詳しく説明することは面倒なので、ついつい日和ってしまう人もいたのだ。

もちろん結果そのものが自己評価と違いすぎていると問題になる。たとえば80％も達成できていないのに100％達成と同等だ、という自己評価をする場合などだ。そんなときにはアピール上手ではなく、自分のことが見えていない人、という残念な評価をされてしまう。しかし1段階程度なら評価をする上司の心理が誘導されてしまう。95％なら100％以上、100％達成なら110％達成と同等、というような自己評価はアピールするだけで評価をする上司に影響を与えることができてしまう。

アンカリングの影響は一次評価だけでなく、二次評価にも影響を与える。結果として、会社全体の業績は前年割れしているのに、なぜか従業員の評価の平均は高い、というおかしなことがあたりまえのようにあらわれてきた。だから人事部が最終調整で評価結果を操作するのだけれど、そうなるとさらに自己評価は高くなったり、あるいはそもそも「どうせ人事が評価を決めるんでしょう」という意識が蔓延して、評価制度が機能しなくなったりもしたのだ。

アピールを繰り返してはいけない

押しの強い人が得をする。残念ながらそれは私たちに心がある以上逃れられない事実だ。しかし世の中はそれほど単純にはできていない。会社という組織にもやはり自浄作用はある。たしかに上司の心理は自己評価によるアンカリングの影響を受けるが、それが繰り返されると確実にマイナスの結果を生む。

第一に、未達成の結果が繰り返される場合。

たとえば営業として活動していて、営業数値の目標が未達成だとすれば、アピールはできても一回だけだ。毎年未達成なのにアピールし続けるようだと悪印象が強化される。アンカリングは機能するが、評価をする上司の側に不信感が高まっていく。そうして評価結果を維持できたとしても、昇進に際しての推薦を受けられることはなくなっていく。

またあまりにも自己評価が高いようだと別の判断もされることになる。この人は客観的に自分を見ることができない人だ、というように。『薄っぺらいのに自信満々な人』(榎本博明、2015)にもあるように、自己評価の高すぎる人というのは能力のない人に多い。そんな残念な人に思われてしまうリスクもある。

第二に、チームワークが求められる業務の場合。

強いアピールの影響は上司との関係だけでとどまることはない。その行動は周囲にも自然に知られることになる。絶対評価であるからこそ、自分よりも結果を出していない人が自分と同等、あるいはより高い評価を受けるようなことが繰り返されるとどうなるだろう。このような状況は、ゲーム理論における繰り返しゲームとして証明されている。自分の評価だけを高めるためのアピールはチームメンバーに対する裏切りでもある。そして何度も裏切る人に協力する人はいなくなる。上司からだけでなく、チームメンバーである同僚たちにも残念な人と思われてしまうようになる。

つまり結果を伴わないアピールの繰り返しは、出世の道を閉ざすとともに、普段の業務におけるチームの協力を失わせていくのだ。その結果、会社に居づらくなってしまうことすらあるだろう。

アピールしなくても面談は使いこなせる

少なくとも私の経営するセレクションアンドバリエーションで人事制度を設計する場合には「自己評価欄」は設定しない。また明確な数値目標でのみ評価を行うような企業＝特に欧米系やアジアの新興企業などでは自己評価の余地はもともと存在しない。しかしそれでも面談の場は設けられていることが多い。

自己評価のない面談にどのように臨むべきだろう。

自己評価が存在しない会社での面談であなたが話すべき事柄は、「あした」についてのことだ。

もちろん「過去」の結果について話す必要はある。しかしそれは結果から評価に結びつけるために行うのではない。次の期の目標をどのように設定するのか、どの領域を改善するのか、どの分野に時間やお金をかけていくのか、というあしたにつなげる話でなくてはならない。

目標の達成度や行動の結果はすでに決まってしまっている過去の話だ。その事実をどうとらえるかは上司や会社の経営層などの他人がすることであって、自分自身ではない。仮に低い評価になったとして、一時的に給与や賞与が少なくなることもあるかもしれない。しかしあなたが行っているのはただ一度の試験の結果で判断される入学試験ではないのだ。毎年繰り返し行う業務であり、そのゴールは遠い先にある。人によってはやがて永眠するまで走り続ける場合すらある。

だからこそあした何をすべきかを話し合うべきだ。それが本来の人事面談の使い方だ。

面談で上司から建設的なアドバイスを引き出すためのコーチングスキル

具体的にあしたの話をする場合、どのような手順を踏むべきだろう。わかりやすい筋道は次のような話し方だ。

- **事実を確認する**　「今回の結果は達成度が○○%でした」
- **事実について質問する**　「○○さん（上司）から見て達成／未達成の原因をどう思われますか」

- **返答に対して肯定を示す**　「なるほど。たしかにそうですね」
- **改善について質問する**　「では私はどうすれば来期も達成し続けられる／未達を回避できるでしょうか」

ちゃんとした上司であればあなたの問いかけに対して真摯に考え、意見を示してくれるだろう。あまりよろしくない上司であったとしても、この問いかけの手順を踏めば自然に考えてくれるようになる。

これらの問いかけに対して仮に、「私ならこうした」「そんなことは自分で考えろ」「来期も同じようにしていればいいいんじゃないか」「(できなかったとしたら)それは君の怠慢だろう」というような答えが返ってきたとしても、「そうですね」とうなずく。そして再度質問するのだ。「〇〇さんの時代にはそうしたらうまくいったわけですが、今でもその方法は通用するでしょうか」「ぜひ一緒に考えてほしいんです。特にどの点がまずかったでしょうか」「来期の状況は今期と変わらないでしょうか」「怠慢な部分はあったと思います。そこをどう意識すればいいでしょうか」というように。

実はこの問いかけ方法は本来、上司側に求められるものだ。コーチングというスキルの傾聴という方法を用いている。上司側が一方的に指導するのではなく部下に気づきを与えるためのスキルがコーチングであり、現在の管理職の必須スキルになっている。

そのコーチングスキルを、部下の方が使ってしまう。

そうすればできる上司ならすぐに意図を理解して、より深く考えてくれるだろう。できない上司であっても、丁寧に繰り返していけば上司としての意見を示すべく行動してくれるようになる。

コーチングスキルを用いた面談の受け方は、自己評価が存在する場合にも使うことができる。アンカリングを狙ってアピールすることもよいが、それは今期の評価にしか影響を与えることができない。あなたが来年も再来年もその上司と付き合っていくのであれば、良い結果を生むのはこちらの面談方法だ。

企業タイプごとの上司攻略①　ロイヤリティ型ではアピールしすぎず素直さを示す

ロイヤリティ型企業の場合と環境適応型の会社、自立型の会社のそれぞれで面談の実施方法は異なるだろうか。企業タイプと面談との関係は、上司の特徴にあらわれやすい。それぞれの企業タイプごとの上司をどのように攻略すればよいかを考えてみよう。

ロイヤリティ型企業の上司は、会社に対する忠誠心を示しながら出世してきている人たちだ。彼らはもちろん彼らのさらに上の幹部たちに認められている。特定の幹部とのつながりを持っていることも多い。派閥とまではいかずとも、後ろ盾になってくれている人がいたりすることがロイヤリティ型の特徴だ。会社に対する忠誠心は、特に自分を引き上げてくれた人への忠誠心の形をとっていることもあるのだ。

そんな彼らには次のような特徴がある。

ロイヤリティ型企業の上司の特徴

- 社内序列に敏感
- 会社が指示したことについて素直
- 失敗をしないことについての意識が強い

自分自身が上に引き上げられてきた経験から、彼らはまた自分が誰かを引き上げることを考えている。その時、「自分に対して忠誠心を持って行動できるかどうか」を重要視している。

上司の指示が仮に自分の意思に反していたとしても、彼らはそれを守ってきた。同じように部下もそのことを守れるかどうかを確認しようとする。

そして自分がそうであったように、誰かの後ろ盾になるタイミングでは、その人が失敗しないことを常に意識している。なぜなら引き上げた人物の失敗はそのまま自分自身の人を見る目として評判をたてられてしまうからだ。

だからこのタイプの上司との面談を受ける場合には、言い訳を避け、アピールを弱めた方がよい。アピールしすぎることは忠誠心を示すことにはならないからだ。彼ら自身がそうしなかったからこそ課長や部長、役員にまで出世してきていることを忘れてはならない。ロイヤリティ型企業の出世は、人事は天命、というように運不運で決まるものと考えられている。もちろんその背景には社内政治や人間関係が深く関係しているのだ。

ロイヤリティ型企業でも、中途採用の上司、出世頭の上司には注意

ごくまれに、会社自体はロイヤリティ型なのだけれど、直属上司がそうでない場合がある。中途採用で自立型から転職してきていたりするような場合もあるし、あるいはとびぬけた出世頭として強烈な成果を出しながら登ってきたような人の場合だ。ではこのタイプの上司であればアピールしていいのかといえば、そうではない。なぜならこのタイプの上司は、社内政治に対して弱い面があるからだ。

ある上場メーカーの部長がそういう人だった。とびぬけた専門性を持って活躍しており、その成果は社内の誰も否定できなかった。そしてその部下である課長も社内の平均よりは早く出世しており、会社はロイヤリティ型だったけれど彼らの部署だけはむしろ自立型の組織風土を持っていた。

しかし数年後部長は異動した。有力な部門の部門長への昇進だったが、彼の専門性とはなんら関係のない部署への異動で、それは実質的には懲罰的な異動だった。部長のさらに上司である役員たちが彼を快く思っていなかったのだ。そしてその下にいた課長もその部署の部

長に上がるのではなく、今までと関係のない部署で一からやり直すことになった。課長は直属の部長に対してだけでなく、その上の役員たちにも常日頃からアピールする言動が強く、そのことを疎まれてしまっていたのだ。

だからロイヤリティ型の会社で上司にあえてアピールするとすれば、定められた面談時間を確実に確保することにとどめておいた方がよい。およそ1時間の面談が人事から指示されているとすれば、仮に5時から始めた面談が20分で終わりそうになっても、さらに質問をしよう。あるいは人事評価に関係しない雑談でもいい。そして確実に1時間を使い切る。

また彼らから出てくる意見や指示に言い返さずに耳を傾けることも重要だ。それはあなた自身の素直さとして受け止められる。その場の評価がどうであれ、面談で素直な人物だという印象を得られればその後のビジネスにおいて確実にプラスになる。出世に必要な推薦も受けやすくなるだろう。ロイヤリティ型の会社では、上司推薦がなければまず出世は不可能だ。

企業タイプごとの上司攻略② 環境適応型では、「議論できる相手」であることを示す

環境適応型の上司の場合、その多くが激変を経験している。過去にはロイヤリティ型で

あったとしても大規模な早期希望退職が実施されていたり、人事評価制度改革による評価の仕組みの変革を経験したりしている。このタイプの企業では中途採用の管理職も多い。

彼らの特徴は次のようなものだ。

環境適応型企業の上司の特徴

- 今年の業績に敏感
- 程度の差はあれ、会社に対して不信感を持っている
- 部下であっても競争相手として見ている

彼らの多くが経験している人事上の変革の際には、常に「今年の業績が悪かったから」という枕詞がつけられていた。だから彼らは将来ではなく今年の業績を常に気にしている。会社によってさまざまだが、一律10％の給与カットをしていた会社もあるし、賞与を半減させた会社もある。年功昇進があたりまえだったけれど、それを凍結し、結局社外から来た人材にポストを当て込んだ場合すらある。今年の業績が悪いと、また何が起きるかわからない、

という不安があるのだ。

そして不安は不信につながっている。年下の後輩が上司になってプライドを傷つけられたり、賞与を減らされて30年で組んでいたローンの支払いに苦労したりしていればなおさらだ。結果として部下を育成しようとするより、自分のポストを守るために部下を蹴落とそうとする人すらいる。特に40代後半から50代であれば課長であっても部長であっても、自分自身の将来について不安を持ち、今のポストや職務を維持したいという思いがあってもおかしくはない。

一方で環境適応型の会社の場合、あなた自身が出世する際に上司からの推薦が重要でない場合もある。環境適応型の会社は通常の人事評価に加え、多面評価を導入していたり、部門をまたがったプロジェクト組織を多用していたりする。そこで得られる情報をもとに出世、つまり従業員の昇格判断を行うことも多いので、目の前の評価や上司の推薦が出世判断に占める要素は減少しつつある。そうしなければ抜擢も難しいからだ。

だから環境適応型の会社では上司と意見が対立したとしても問題にならないこともあるのだ。そのためこのタイプの企業で上司との面談をする場合、特に事実を重視しよう。どう思うかということではなく、結果、環境変化、行動などの事実を具体的に提示することだ。その事実について上司がどのように判断するか、ということよりも、「議論できる相手」であることを示そう。会社に不信感を持ち、部下を競争相手として見ている上司から、仲間として見られるようにすることだ。そうすれば少なくとも低すぎる評価や、悪い評判を流されることはなくなるだろう。

企業タイプごとの上司攻略③　自立型では、強い意欲と自己責任の意思を示す

最後に自立型の会社の場合だが、このタイプの企業の上司には次のような特徴がある。

自立型企業の上司の特徴

- 自分の成果に一番興味がある
- 会社とは対等の関係にあると考えている
- 部下との関係性は使えるか使えないかで判断する

自立型の会社の上司とは、自分が生み出した成果を認められて出世してきている。だから成果とは自分自身のプライドが立脚するところであり、それがすべてだと考えている場合も多い。実際のところ経営層に近い立場になるほど、成果のみで評価する考えはあたりまえになる。いくら良いマネジメントをしていても成果が伴っていないと、会社であれば倒産してしまう。自立した生き方とはそのような経営者の視点で考えるということでもあるので、努力をまったく認めなくなる場合もあるのだ。

また成果が明確になるにつれ、自分と会社との関係をデジタルに理解しやすくなる。去年は10億円の売上と1億円の利益を会社にもたらしたから、今年の年収は少なくとも3000万円、という要求をする場合もある。会社が拒否するなら顧客を連れて別の会社に行きますよ、といった具合だ。ある意味、会社の看板の下で自分のビジネスを持っているような状態だ。だから部下に対しては、自分のビジネスに使えるかどうかで判断することになるのだ。

このタイプの上司とは、相性があえば生涯の関係を築けるだろう。どちらかが転職したとしてもつながりは続く。自然と連絡をとりあい、再び一緒に働く場合も多い。しかしそうでなければ知り合い程度で終わってしまう。たとえ上司部下として10年一緒に仕事をしたとしても、転職すればあっさりと切れてしまうような関係になる。

彼らが面談の場で前提とするのは、評価とは会社と個人との契約の結果であるということだ。そして面談の場は、その結果についての合意を得るところだと考えている。コーチングスキルでの指導育成を行う人もいるだろうが、基本的には自己責任を求めている。

そして今期の結果を前提として、来期にどのような成果を生み出そうとしているのかを確認してくるだろう。今年の結果が良かったのなら、さらに上を目指すのか。今年の結果が悪かったのなら、それを自己責任として改善できるのか。そのような将来のことを確認しようとする。

故に彼らとの面談の場であなたは強い意欲を見せなければいけない。自己責任に足るスキルがあることは当然として、さらにそのスキルを活用して成長を目指し、成果を生み出そうとする意欲だ。ロイヤリティ型の上司に求められる素直さはあって損にはならないが、素直さだけであれば意思や意欲がないものとみなされる。また環境適応型の上司に求められるような事実に基づく議論は、自立型の会社の上司にとってはあたりまえの話すぎて議論にならない。だからどうしたいのか、を伝えなければいけない。

もちろん実際には、これらの企業タイプ別の分類が入り混じることも多い。ロイヤリティ型企業であっても自立型の会社から転職してきた人が上司になる場合はあるし、その逆もまたしかりだ。

上司がどのタイプの人なのかは、彼が一番長く勤務してきた会社のタイプを考えれば間違うことは少ない。特に新卒から3年以上勤務した会社があればその会社の社風に強く影響されているだろう。それはもちろん、あなた自身を振り返ってみればわかるはずだ。

要約

- □自己評価を高くして面談で強くアピールすることは短期的には得をする。それはアンカリングという心理的な働きが原因
- □結果以上のアピールを繰り返すことは長期的にはマイナスの結果を生む
- □面談を通じて上司に対してコーチングスキルを発揮することが面談のうまい受け方
- □企業タイプに応じた上司の特徴を考えて準備するとさらに面談をうまく使えるようになる

第2章

会社にしがみつくのは今、適切な選択か

「あきらめると生涯年収が下がる時代」の4つの選択

選択1 「これ以上もう上に行けないかな」というとき、どう動くか

「出世の天井」を感じるタイミング

キャリア・プラトーという言葉がある。たとえば課長まで昇進してきた人が、「ああ、多分自分は部長にはなれないんだろうな」と感じたりするあきらめの気持ちだ。プラトーとは高原とか台地という意味で、階段の踊り場のような意味だけれども、ここではあえて天井と意訳してみたい。

出世の天井を感じる理由はおおむね二つある。[3] 一つは上のポストが詰まっている場合。もう一つは自分が今より上の生活を望まないような場合だ。ここでは上のポストが詰まっている場合を考えてみよう。

3 『昇進の研究――キャリア・プラトー現象の観点から［新訂版］』（山本寛、2006）

課長、部長はこの10数年で「狭き門」になりつつある

課長割合、部長割合の変化

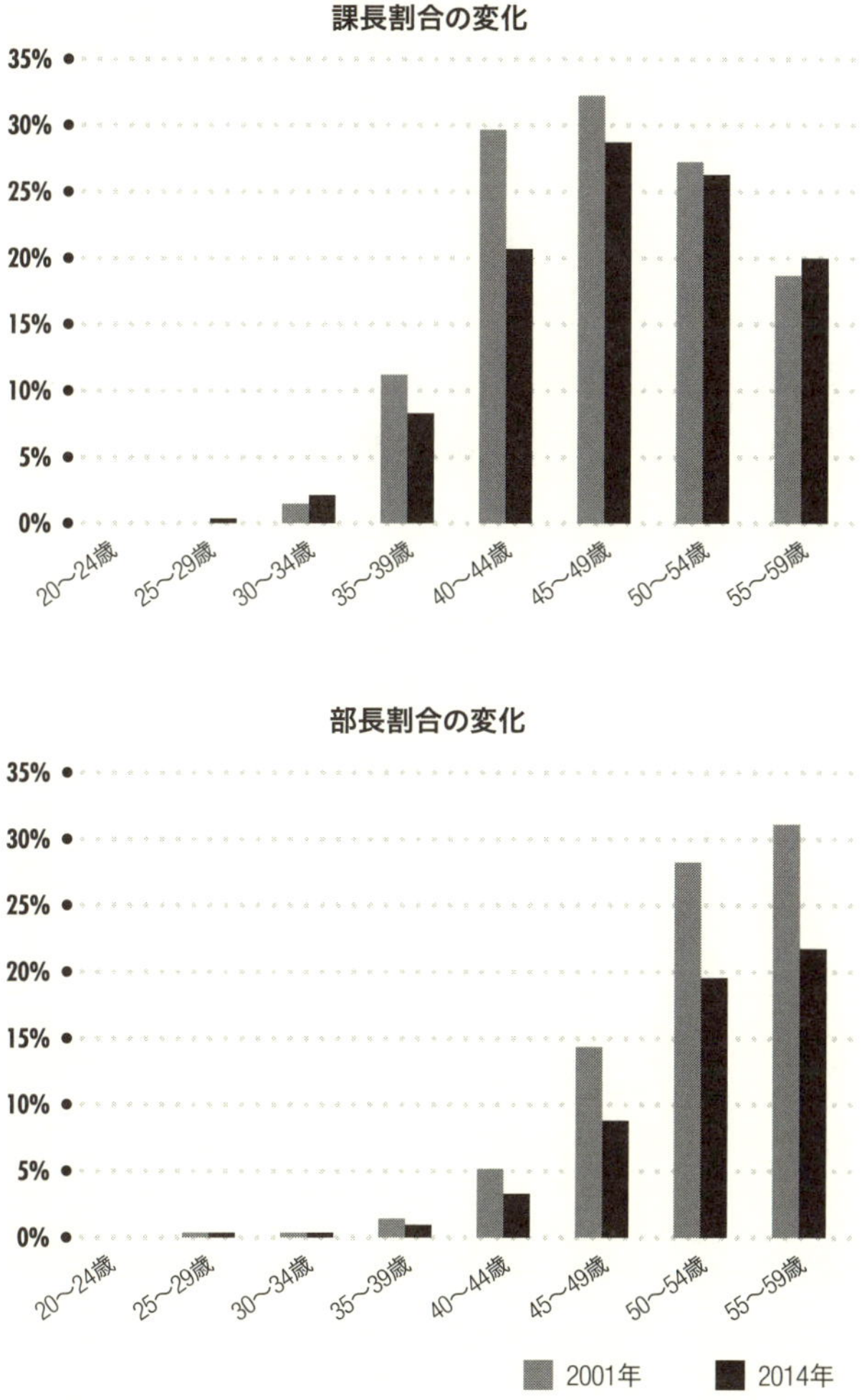

厚生労働省「賃金構造基本統計調査」をもとにセレクションアンドバリエーション作成

厚生労働省の賃金構造基本統計調査をもとに、２００１年と２０１４年のそれぞれの管理職割合を比較してみると大きく減少していることがわかる。特に一般的に課長になる年齢である40歳から44歳において２００１年時点では30％近い人が課長になっていたが、２０１４年では約20％だ。そして部長になる割合は50歳以上で30％近くあったのだが、２０１４年には20％前後にまで低下している。実際に管理職は狭き門になっているのだ。

なぜ「課長にもなれない人」は増えているのか

なぜそうなるのかといえば環境要因と社内の要因が理由だ。

環境要因としては人口の偏りがある。２０１５年現在の人口構成は41歳を頂点とした山なりの分布になっている。山の部分はいわゆる団塊ジュニア世代だ。だからこれよりも若い世代は彼らがポストから退かない限り管理職に昇進することは難しい。また団塊ジュニア世代自身も厳しい競争にさらされることになる。ポストの数が一定であるのに対して、年齢ごとの人数に極端な差があればどうしても管理職になるための競争は激化する。

仮に40歳前後の世代が管理職になった場合、現在30歳前後の世代が最も厳しい状況に置かれるだろう。管理職が非管理職に降格することは少ないため、彼らが役職定年を迎える15年間、ポストが占められてしまうからだ。彼らが役職定年になったとき、現在30歳の若手は45歳になってしまっている。

ポストそのものが減少する社内の要因は、「名ばかり管理職」や「年功管理職」の減少だ。かつては残業代を支払いたくないという理由で管理職相当の役職を作る企業も多かった。しかし飲食チェーン店長をはじめとする名ばかり管理職問題が広く取り上げられるとともに、多くの企業で労働法を守ろうとする動きが強まっている。極端な会社では役員以外はすべて残業代対象として、管理職に支払う役職手当を残業見合い対象としている場合もある。残業見合いだから、仮に50時間相当の残業代として役職手当が支給されていて、実際の残業時間が70時間であれば追加の20時間分を残業代として支払うという仕組みだ。役職が課長や部長だとしても、そのような仕組みを運用する会社すら生まれている。

また年功管理職、たとえば「そろそろ彼も部長にしていい頃」というような理由からポストを作るようなことも激減している。年功的な処遇が残っていた時代には、部長も課長もやることは大きく変わらなかった。そしてただ肩書きを変えるだけで給与を増やすとともに、若い人にポストを与える働きもあったのだ。そんな余裕のある会社はもはやほとんどない。

「天井」を意識するとあきらめにつながる

では出世の天井を感じたときにどうすればいいのか。

ロイヤリティ型の会社であれば、上位のポストにいる人が多少能力不足だったとしても簡単に首をすげかえることはしない。だから仮に今課長として活躍していて、部長よりも仕事ができるようになった自信ができたとしても、できない部長と交代することはない。部長が役職定年、あるいは横滑りの異動をするまで課長としてもんもんとせざるを得ない。

環境適応型の会社であれば、事業部自体が先細りでいつリストラが始まるかもわからないという状況もあるだろう。昇進どころか今のポストを維持するのに精いっぱい。仮に部長になったとしても厳しい環境の中で数値責任を負わされるのはたまったものじゃない。もう少しましな業界や会社に転職して活躍する方がいいんじゃないか、と考えることもある。

自立型の会社であれば、自分自身も優秀な結果を出しているとは思うが、上司と比べてみるとまだ勝っているとはいいがたい。でも上司以上の結果を出すためには今よりも大きな権限がないと難しい。鶏が先か卵が先か。難しい問題ではあるが、今の会社にいる限りは今より大きな権限を手に入れることは難しい場合などだ。

そんなとき考える行動は3つある。

第一に、転職だ。

すぐに転職する気はなくても、とりあえず人材紹介会社に登録して、良いところがあれば移ろうと考えることは一般的になっている。最近はSNSを通じてヘッドハンターが声をかけてくることも増えた。そうして転職というものを意識し始める。

しかしいざ職務経歴書を書いてみると、おや？ と思うこともある。振り返ってみれば他社の人事部にアピールできるようなことが思いつかない場合などだ。たとえばジョブローテーションという名目でさまざまな部署を経験してきているけれど、一つの部署に5年以上いたことがないので、専門性はあるが広く薄い。あるいは若手の採用が控えられていたため、部下がいない時代が長くてマネジメント経験が少ない。さらにはルーチン的な業務を主にやってきたので、あらためてアピールできるようなスキルが思い浮かばない、などだ。そうしてやっぱり今いる会社で頑張る方がいいかも、と考え直すようになる。

それが第二の行動。社内での出世を再度考えてみることだ。

専門性やつながりを深めるために今までとは違うことをしてみようとする人も多い。社内公募制度があればそれに応募してみたり、あるいは社会人大学院にチャレンジしてみたりもする。すぐに出世できないだろうけれど、自分自身がスキルアップすれば誰かが認めてくれるだろうと考えて行動する選択は悪いものではない。実際には多くの人がこの選択肢を選ぶし、そうして成功のチャンスを得ることも多い。

しかしさらに多くの人は第三の行動をとる。

あきらめてしまうのだ。

そして今の会社でなんとか大過なく過ごそうとし始める。

キャリア・プラトーの研究とはそもそも「あきらめてしまっている人」をどう処遇すべきか、ということを課題として研究する学問なのだ。

誰しもが貧困層に転落する可能性がある時代

人が出世をあきらめてしまう原因はポストの不足であり、自分自身の中に蓄積されたスキルや経験、つながりなどの不足を意識することだ。

しかしそうしてあきらめて、今いる会社にしがみついているとどんな未来が待っているのか。あきらめて目の前の仕事を頑張っていればずっと従業員として働き続けられるのか、といえばそうではない。

現在の人事の仕組みは私たちに恐ろしい事実を示している。会社にしがみついていたとしてもやがて社外に出なくてはならない。そのための準備をしていなければ、誰しもが貧困層に転落する可能性が高いという事実だ。

今50代の人はあと何年かで定年になることを理解しているはずだ。その後は会社の人事制度によるが、多くの場合同じ会社に再雇用される。65歳までは再雇用することが義務付けられているので、収入は減るが働く場所は確保できるし、生活も維持できるイメージを持っているだろう。65歳以降は年金をもらいながら暮らしていく。しかし漠然と、そんなに年金ももらえないのだろうなぁ、とは考えているだろう。定期的に届く年金案内でだいたいの金額は見ているけれど、じゃあ思い出せるかといえばすぐには出てこない。

40代の人の多くはまだ定年を意識していない。それよりも目の前の仕事や人間関係に意識が向いているだろう。子どもがいるのであれば教育にかかる費用の方が気になっている。意識の高い人であれば貯蓄や金融投資をしっかりとしながら老後に備えているが、それでも漠然とした不安は持っているはずだ。

そして30代以下であれば定年なんてはるか将来の話だ。メディアで報道される高齢者や年金問題について、国や企業の対応が悪い、といった評論家的な意見は持っているかもしれないが。

しかし老後に準備するためには、現時点からすぐにでも、将来何が起きるのかを理解しておく必要がある。それはほぼ確定している将来なのだ。

人事の仕組みとしては、まず役職定年がある。平均して55歳で管理職を外れる仕組みだ。その際、10%から20%程度年収が下がる場合が多い。

次に一般的な定年となる。定年延長をしている会社は全体の16%程度であり[4]、大半の会社では60歳が定年だ。この時点で一旦、現在の雇用契約は終了する。

4 「高年齢者の雇用状況」（厚生労働省、２０１３年）

これから何が起きるかを考え、老後に備える

会社員の人生と月収の変化

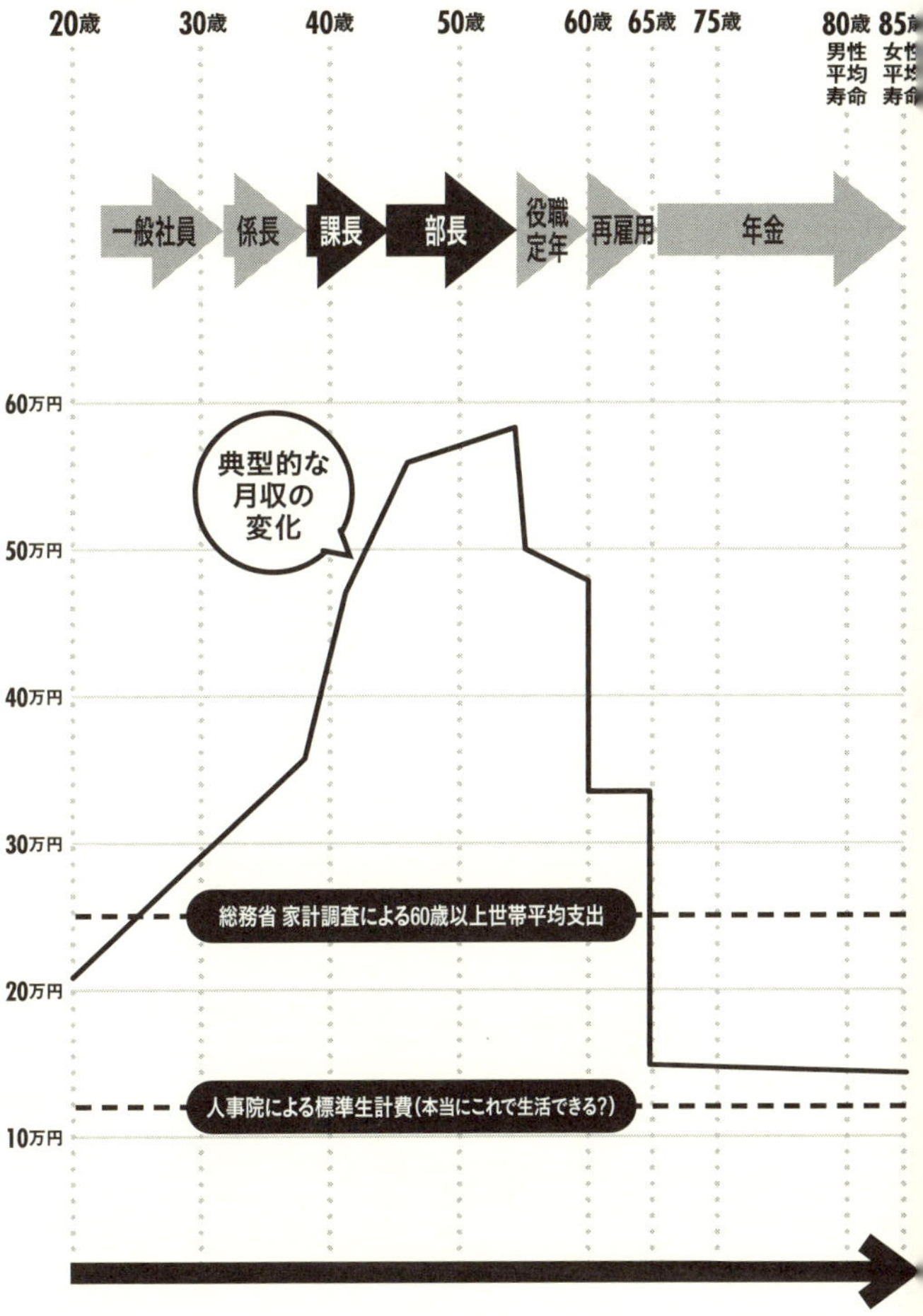

定年後はおそらく今の会社に再雇用されることになる。ただし給与の減額幅は20％から40％程度ある。

そして65歳になると年金を受け取るようになるわけだが、その金額は実は月15万円に満たない。

あきらめてしまっていると給与はどんどん下がる

一方で一般的な生活費がいくらかかるだろう。２０１５年に人事院が発表した標準生計費は、一人世帯で11万４７２０円。二人世帯だと15万８８９０円だ。それだけあれば「標準的」な生活はできるということだが、実感として十分と思えるだろうか。

現実問題として、年金額は毎年減り続けている。15年前の年金額は17万円以上あったのだけれど、毎年下がり続けて現在15万円程度だ。そして年金減額の傾向は今後も続く可能性が高い。

一方で会社に従業員として雇用される期間は長くとも65歳までだ。それ以降もし働こうとしても、通常はアルバイトくらいしか見つからない。

日本企業の特徴と言われている終身雇用という言葉はもともと Lifetime Commitment という英語を翻訳したものだ。終身の雇用ではなく、終身の約束だったのだ。定年まで働いたあとは退職金と年金で老後の生活を保障しましょう、という概念だった。しかしコミットメントはもはやない。さらに国からの支援も細る一方で、少子高齢化の進展状況を見ると解決策も見当たらない。

かくして十分な資産を確保しないまま毎月の給与で生活していた人は65歳以降、生活を切り詰めなければ毎月10万円ほどの赤字を出しながら生活をすることになる。安定的な大企業や公的機関であっても65歳以降の支援は薄いのだから、中堅中小企業であればなおさらだ。

つまりあきらめてしまっていると、やがて役職定年、定年、再雇用と本当の退職が段階的に訪れるということだ。あきらめている状態にさらに追い打ちのように給与がどんどん下げられ、仕事を取り上げられ、やがて社外に一人で放り出されるのだ。

それでも出世する人たちの特徴とは

一部のあきらめない人たちはどうやってあきらめから抜け出したのだろう。今の会社で出世の天井にたどり着いたと感じたとき、転職を真摯に考えたり、自己改革を進めたりする人だけれど、あきらめる人とそうでない人の間の違いはなんだろう。

それはゴール設定の違いにある。

たとえばいつかは部長になりたい、と思っている人はそのほとんどが課長にすらなれない。せめて課長になりたいと思っている人はさらにその下の役職までしか出世できないことが多い。

一方で実際に部長になるような人たちは、自分が役員や経営者になることを考えて行動してきた人たちだ。だから出世する人たちは下の役職で活躍した結果の人事評価をあまり意識していないのだ。

それは会社の中での出世だけにとどまらない。やがて誰しもが社外に出るのだけれど、社外に出たあとも活躍している人たちは、会社にいる頃から社外の視点でものを考え行動している。

さらに言えば、すでに「老後」という言葉が死語になりつつある。かつては60歳を超えるとおじいちゃん、おばあちゃんというイメージがあったが、今やそうではない。たとえばある会社の常務は58歳で子どもを授かった。66歳の常務退任時点で子どもは小学校3年生。孫ではなく自分の子どもがまだ育ちざかりなのだ。先日退任した彼は、退任前から準備していた起業を進めているが、「子どものためにもまだまだ現役で頑張らないといけませんからね」と笑っていた。

平均的な健康寿命は男性で70歳前後、女性で73歳前後だが、老い方は人によって異なる。仮に平均的な健康寿命であったとしても、65歳で退職してから5年はあるのだ。その間、たくわえと年金でのんびり暮らすことをイメージしているようだと、そのイメージは実現しないだろう。人は設定したゴールにちょっと足りないくらいのところにたどり着くことが大半なのだ。

だから私たちはキャリアのゴールを会社の外に置かなくてはならない。

会社の外に一人の人間として置かれたときにどのように生きたいのか。それが描くべきキャリアビジョンなのだ。そしてそのためにどのようにキャリアを積むかを考えていけば、出

5　『出世する人は人事評価を気にしない』（平康慶浩、2014）

世の天井に思い悩むことはなくなるだろう。

出世とは、もはや「社内で上に行く」ことだけではない。自分自身が思い描く成功を手に入れることだ。その成功は他人の物差しで測られるものではない。

要約

□出世の天井を感じるタイミングは誰にでもある
□出世し続ける人はキャリアのゴールを遠くに設定している
□そして本当の出世を手に入れる人は一人の人間としてどう生きるかというキャリアビジョンを持っている
□なぜなら人は誰しもやがて会社を離れて一人になるからだ

選択２ 転職するか、今の会社で可能性を探すか

自分の会社で、「出世」した場合いくらもらえるか」をまず知る

遠い将来のキャリアビジョンを実現するために、今の会社がふさわしいかどうかを考えるときがある。たとえば会社の将来が不安になったり、あるいは自分自身の給与が減ったりしたときなどだ。転職を選ぶべきか、あるいは今いる会社で頑張り続ける方がよいのか。今の会社で出世を目指す方が安全に収入を増やせるかもしれないが、逆にチャンスは少ないかもしれない、などなど。そのどちらを選択すべきか迷う人は多いだろう。

転職か、今の会社での出世か、そのどちらを選ぶべきなのかということについて正確な判断をするためには個々の会社の状況と個人の状況などが複雑にからみあってくる。しかし人事の仕組みを知っておけば、判断の助けになる。

そこでまず知っておいてほしいことは、自分がいる会社で出世した場合にどれだけの収入

を得られるのかというおおよその水準だ。会社によっては給与規程を公開している場合もあるので、その際には計算してみればすぐにわかる。またそうでない場合には自社が出している中途採用の求人広告に参考年収が記載されていないか探してみよう。

上場企業などの著名企業に勤務しているのであれば、公開されている年収データを見ることも有効だ。たとえば東洋経済新報社が毎年発行している『CSR企業総覧』を見ると従業員の平均年齢、平均勤続年数に加えて、平均年間給与も記載されている。年齢別の人員数や管理職数も記載されているのでわかりやすい。

これらのデータからわかる**年収の天井は、「平均年収＋40％」**と考えておけばだいたいのところであっている。平均年収６００万円と書かれていれば８４０万円。８００万円とか書かれていれば１１２０万円だ。

なぜなら多くの企業の平均年収は、なりたて管理職か管理職手前の年収に近いからだ。そしてそこから昇給する割合がおよそ40％ある。なりたて管理職の月給が35万円だとすれば、出世していけば50万円近くには昇給できるはずだ。

重要なことは、「その年収の天井が目指すに値するか」どうかだ。実際のところいくら成果を出したとしても、人事制度がそれに見合った報酬を用意できていなければくたびれ損になることもある。

もちろん年収だけがキャリアビジョンの実現に関わるわけではないが、キャリアを積むためにはリスクをとらなければいけない場面も多い。あるいはふってわいてくるような生活の変化もある。それらに対応しながらキャリアを歩んでいくにはお金はあるに越したことはない。

この年収の天井には会社の経営状況も大きく影響するが、より強く影響するのは収益構造だ。その中でもあえて一つの指標で確認するとすれば、「従業員１人あたり売上高」を確認してみるといい。単純な話だが、従業員１人あたり年間１億円の売上がある会社と１０００万円の会社で、人件費として支払える額に差が出ることは簡単にわかるだろう。１人あたり売上高が小さな会社では、40代や50代になってもなお年収３００万円を超えない会社だってあるのだ。そんな会社が地域や業界によっては増えつつあるのも事実だ。[6]

6 『うっかり一生年収３００万円の会社に入ってしまった君へ』（平康慶浩、２０１２）

年収の天井が満足できる金額で、かつ1人あたり売上高も高い状態であれば基本的には社内での出世を目指す方が望ましい。そうでなければ転職を視野に入れるべきだが、では具体的にどのような点に注意すべきだろう。

「転職でキャリアアップ」には罠がある？

転職支援会社がキャリアアップ転職をうたってからもう20年以上が過ぎている。しかし実際にキャリアアップできるのは一握りだ。大手転職支援会社の役員に話を伺った際には、「あれはただのキャッチコピーですよ。大半は現状維持程度です」という言葉も聞いた。とはいえキャリアアップというコピーに勇気づけられた人も多い。転職するような人はダメな人、というレッテルを貼られる昔から比べればずいぶんとましになっている。

転職回数についての調査統計は２００６年に厚生労働省が実施した「雇用の構造に関する実態調査（転職者実態調査）」が最新のものだ。そのデータでは30歳から49歳までの転職率は12・7％。平均転職回数は０・４回と1回未満だった。

このデータをもとにおよそ10年の変化を踏まえた現在の転職回数を推計してみた。その結

転職はすでにあたりまえの時代

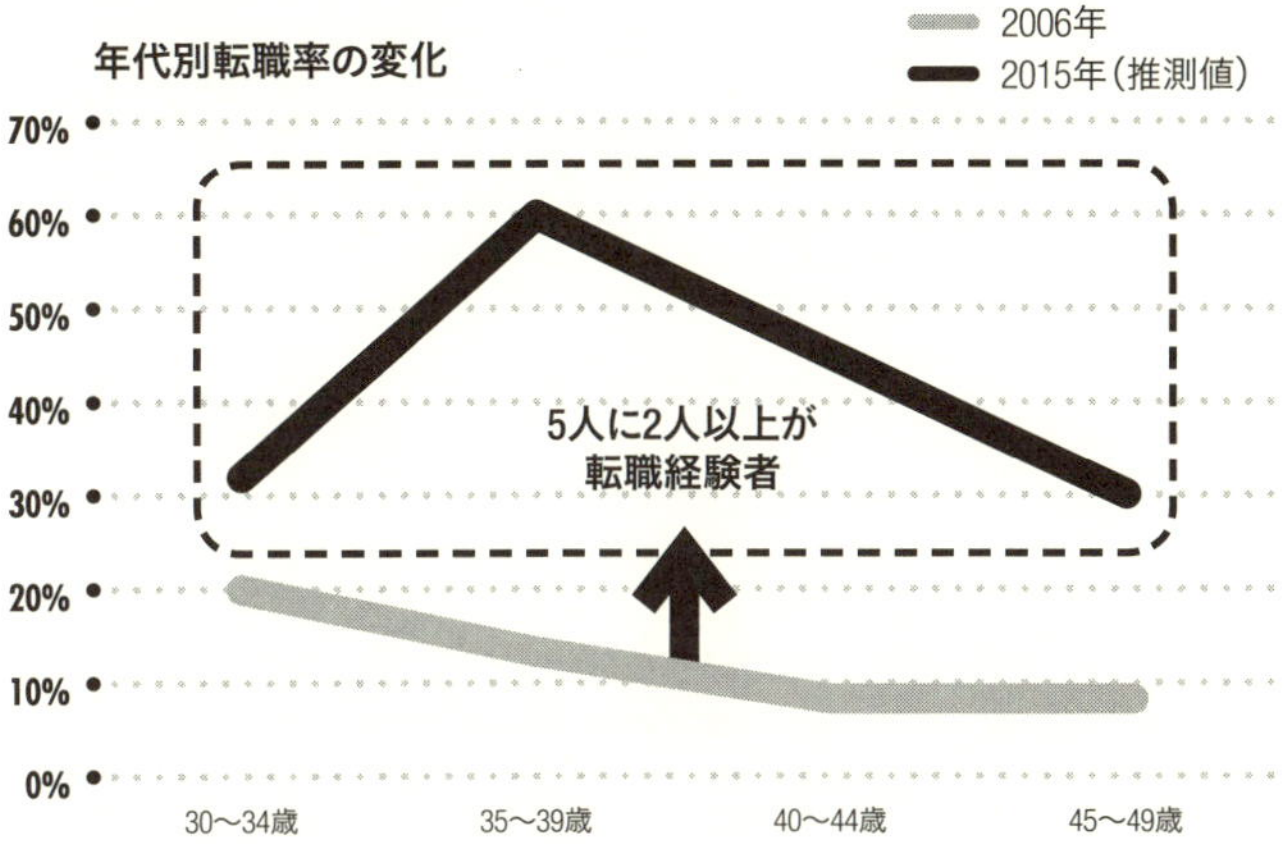

厚生労働省「雇用の構造に関する実態調査(転職者実態調査)」をもとにセレクションアンドバリエーション作成

果、転職率の平均は41・9%。平均転職回数は1・3回と計算された。5人に2人は転職を経験しているということだ。また転職経験者のみの転職回数で見ると2006年は平均して2・8回だった。現在はおそらくこの回数自体も増えているだろう。あくまで推測値だが、その回数は4回を超えていることが予測される。

転職はすでにあたりまえなのだ。あなたの周囲を見渡してみても、転職経験者が10人に1人、という状態ではないだろう。

そんなあたりまえになっている転職だが、キャリアアップにつながっている割合はどれくらいだろう。

先ほどあげた「雇用の構造に関する実態調査（転職者実態調査）」をもとに収入の増減を確認してみよう。

まず年齢別に見ると39歳までの転職であれば収入が増加した人の割合が大きい。しかし40歳以降の転職では減少する人が多くなる。

転職先の企業規模も重要だ。1000人以上の会社に転職した場合には約52％の割合で収入が増えているが、それ以外では40％程度にとどまる。

そして職務内容を見てみると、「運輸・通信の仕事」「専門的・技術的な仕事」「事務の仕事」「生産工程・労務の仕事」で収入が増えることが多く、「保安の仕事」「販売の仕事」「サービスの仕事」「その他の仕事」「管理的な仕事」では収入が減ることが多い。特に「管理的な仕事」では48％の人の収入が減っており、増加しているのはわずかに29％のみだ。

これらの分析からさまざまなことがわかるが、たとえば次のようなことが言える。

「30代までで専門的な仕事をしている人が1000人以上の大企業に転職した場合に収入が増えている」ということと、「40歳を超えた管理職が中堅以下の企業に転職した場合に収入が減っている」ということだ。

転職で収入が増えるかは年齢・職種しだい？

転職年齢・職務による収入の増減

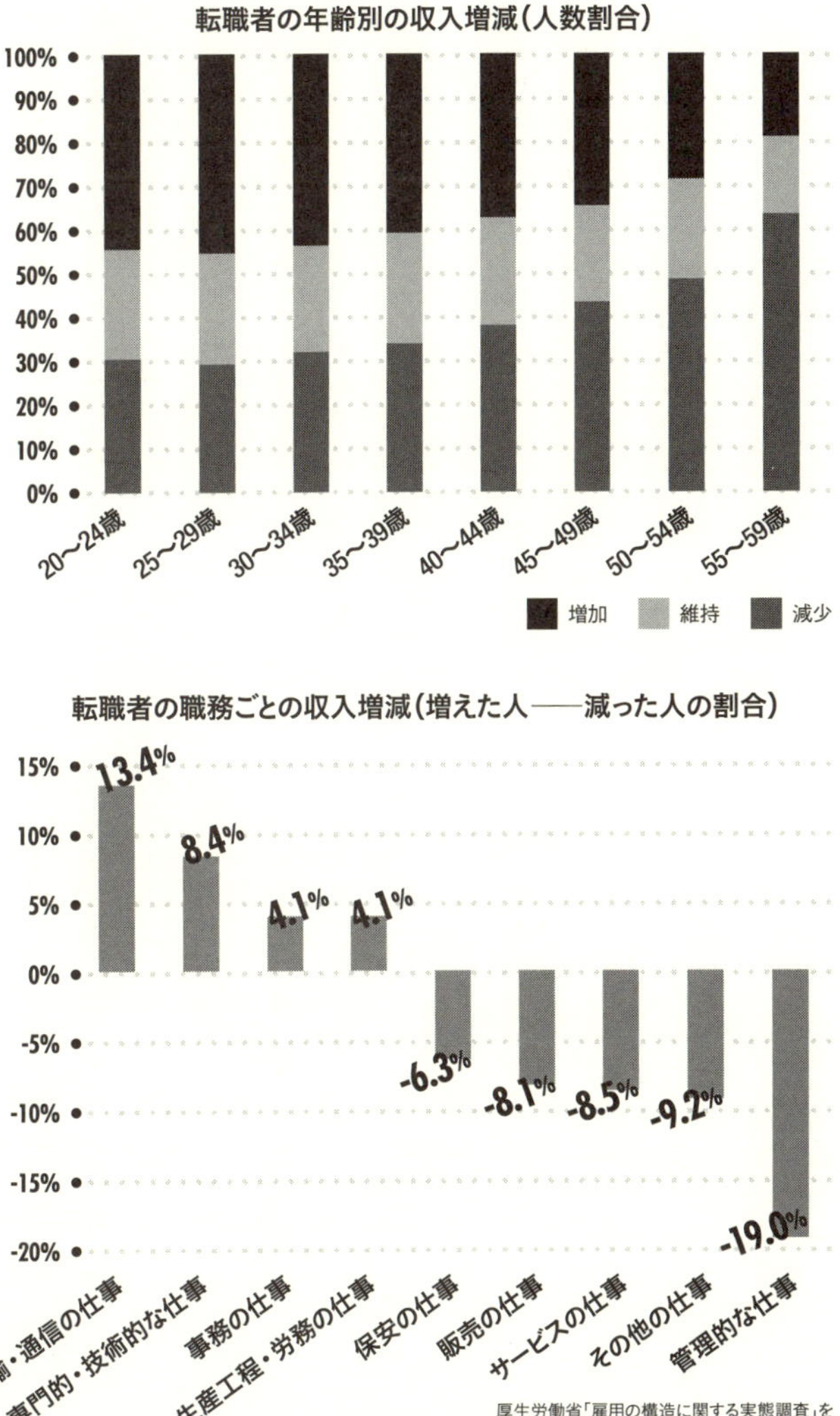

厚生労働省「雇用の構造に関する実態調査」をもとにセレクションアンドバリエーション作成

もちろんこの統計資料は2006年のものなので、現在では多少異なる結果になっている可能性はある。しかし専門性の高い若手や中堅がキャリアアップ転職がしやすく、管理職になった40代以上はキャリアアップ転職が難しい、ということは実感としても納得しやすいだろう。

この結果について会社の中での出世の定義、そのための人事の仕組みから考えると不思議に思えることがある。多くの会社での出世とは簡単に言ってしまえば管理職になることだ。係長が課長になり、部長になり、やがて経営層としての役員になっていく。それが出世のはずだ。

しかし社内で出世したはずの管理職が、何かのきっかけで転職しようとするとキャリアアップや収入の維持が難しくなる。それはなぜだろう？

ロイヤリティ型の会社での出世の矛盾を理解しておく

理由は企業タイプごとの出世の定義にある。

会社が求めるとおりに行動してきて出世しているのに、いざ転職しようとすると収入が下がりやすい企業タイプはロイヤリティ型だ。

これまでにも述べてきたように、ロイヤリティ型の会社では出世に際して忠誠心を確認する。残業や異動、転勤などの指示にどれだけ従えるかどうかが重要視される。その結果、従業員側に蓄積されるものがある。それが「企業特殊的人的資本」であり、社内でのつながりや社内ルールの熟知、社風を体現するような行動などだ。

残念ながらこれらの企業特殊的人的資本は、転職に際しては役に立たない。今の会社のルールを熟知して社内の有力者と強いつながりを作っていたとしても、転職した先ではそれらを使いこなすことが困難だからだ。

また、ロイヤリティ型の会社では多くの場合ゼネラリストを育成しようとする。営業畑で20年、経理だけで20年、という人材はごく少数で、多くの場合に複数の部署を異動しながらバランスのとれた人材として育成される。そうして育った人がやがて経営幹部になっていけば、社内での合議もとりやすいし、調整も容易になるからだ。

しかしその育成方法が転職に際しては障害になってしまう。ゼネラリストの持つスキルもやはり企業特殊的人的資本が強く影響するからだ。

もちろんレアケースはある。転職先の企業側から「○○さんがいた会社のやり方をうちの会社でも広めてほしい」という要望が出る場合や、「○○さんがいた会社と今後取引していきたいので、ぜひパイプ役になってほしい」というような場合だ。このような転職をする場合には、企業特殊的人的資本が役にたつ。

ではあなたがもしロイヤリティ型の会社にいて、年収の天井に満足できず、レアケースの転職が難しいとすればどうすればよいのか。

答えは自分の専門性を整理して明確にすることだ。

仮にすでに管理職としてマネジメントを担当していたとしても、定義できる専門性はあるはずだ。複数の部署を経験しているとしてもまずは今担当している職務についての専門性を体系的に学習する。たとえば営業、営業企画、購買と異動してきて、現在は購買課長だとしよう。その場合、現在担当している購買についての専門性を整理して高めるようにするのだ。経験則で実施してきた作業について、それをなぜ行っているのかをあらためて考え直し、よりよい業務のためにはどういうことをすべきか、ということを考えなければいけない。

またロイヤリティ型の会社が長い人の場合、意思決定することを学ばなければいけない。

わかりやすい言葉で言えば、どこでも通用するリーダーシップを持つということだ。多くのロイヤリティ型の会社では意思決定を幹部経営層だけが行っているか、あるいは稟議による集団合意によっている。しかしそれらの意思決定方法への慣れは今いる会社でしか通用しないものだ。転職先がロイヤリティ型であったとしても、まずは自分自身で意思決定できることを示さなくてはいけない。そのためにリーダーシップのあり方を改善しなくてはならないのだ。調整型の管理職から、リーダーシップを発揮する管理職への変革が求められるということだ。

環境適応型からの転職は客観性を持つ

環境適応型の会社にいる場合、転職を考えるタイミングは会社の将来への不安を感じた場合が多いだろう。あるいは会社自体が変化しすぎて居心地が悪くなった場合などだ。そのような状況で年収の天井にも満足できなければ、転職を考えることは自然なことだ。

環境適応型の会社の場合、ゼネラリストだけでなくスペシャリストの育成も進めていることが多い。異なる職種への異動をせずに専門家として育成している場合だ。もしあなたがそのようなキャリアを積んでいるのであれば転職という選択肢は比較的容易につかみやすいだろう。

しかしもしあなたがゼネラリストとしてキャリアを積んでいるとしたら、ロイヤリティ型で示したように自分自身の専門性を定義しなくてはならない。

環境適応型の会社からの転職で、特に重要になることがある。それはすでに転職している人たちとのつながりだ。あなたが今いる会社からの転職を考えるタイミングでは、それよりも先に転職している人たちがいるはずだ。その人たちと連絡をとった上で確認してほしいことがある。

今いる会社と、他社との違いを確認するのだ。自分たちの常識が他社ではどのようにとらえられるのかを知るということだ。そうすれば今いる会社の社風を客観的に見ることができるようになる。

「うちの会社の人事は言うことがコロコロ変わるんですよ」「決めない管理職ばかりでお客さんにも呆れられることが多くて」「社長が新しいこと好きなんで、朝令暮改どころか朝令朝改があたりまえになっているんです」

そういう不満を聞くことがあるが、これらの不満はあなたの会社だけの特徴ではない。転職を考える先にもそれぞれの社風がある。環境適応型の会社からロイヤリティ型の会社に転職したとすれば別の不満が出てくるだろうし、自立型への転職でも同様だ。要は客観的な判断材料を手に入れてから検討を進める必要があるということだ。

自立型の会社の人は転職しても新天地で活躍しやすい

最後に自立型の会社だが、このタイプの会社に勤務している人にとって転職はあたりまえの選択になっているだろう。特に新卒で自立型の会社に入ったのであれば、そのことに躊躇することはないはずだ。今の会社で先が見えてしまった時点で別のチャンスを探すことは、自分のキャリアを自律的に考える人にとっては当然のことだからだ。

ある自立型の会社の新人研修を担当したとき、研修後に新人たちの一部と会食をした。その際にもりあがった彼らの話題の一つは「何年後にこの会社を卒業するか」というものだった。いつ会社を出るのかという話題が、新人研修期間においてすでに彼らの興味をひきつけていたのだ。

その後、ロイヤリティ型の会社で新人研修を行ったあとの会食で同じような話題をふってみた。「君たちは何年後くらいに転職すると思う?」

答えの大半は「転職しません」というものだった。ロイヤリティ型の会社ではそんな考えはそもそもありえないものだったのだ。

チャンスを探す以外の目的で、自立型の会社からの転職を考える人からよく聞く悩みは、疲れた、というものだ。自己責任でキャリアを積んできて10年や20年が過ぎた。それなりの専門性も確立し、仕事もできる自信がある。社内でのポストも確保している。しかし毎日自己責任を意識して働くことに疲れてしまった。だからもう少しチームで働ける会社に移りたいというものだ。おそらくイメージしているのは環境適応型の会社への転職だろう。

私がそういう人に相談された際には、その選択を肯定する。ぜひ一度転職してみるべきだと背中を押すのだ。理由は二つある。

一つには、自己責任のキャリアを歩んでいる人は、どんな会社での経験も糧にすることができるからだ。実際問題、ＩＴベンチャーで経験を積んでいた人が堅いイメージの大企業に転職して成功した例は数多くある。自立型の厳しさが身についていれば、どんなタイプの会社でも活躍しやすくなる。

もう一つは、自立型の会社は退職してもまた戻ることができる場合が多いからだ。もちろん喧嘩別れのような退職をすると戻ることは難しい。また10年も経ってから戻るという選択も難しい。円満退職で、せいぜい3年以内が限界だろう。しかしそれでもやり直しが利くということは大きなポイントだ。

コンサルタント業界には自立型の会社が多いが、そこから事業会社に転職する人も多い。転職先の事業会社にももちろんさまざまなタイプがあるが、ロイヤリティ型から環境適応型に変化していく段階の会社を選んだ人もそれなりにいる。そうして転職した人たちの中には再び元のコンサルティング会社に戻った人もいるし、さらに転職を繰り返す人もいるが、そのまま事業会社で活躍している人もかなりの割合で存在するのだ。

世の中で転職があたりまえになっているということは、自分のキャリアを自分で考える人が増えているということでもある。自分自身がそうなっているのであれば、転職を躊躇する必要はない。

要約

□転職はすでにあたりまえの選択肢になっている
□ロイヤリティ型からの転職では専門性と意思決定方法を身につけておく
□環境適応型からの転職では、まず自社の社風を客観的に見る目を持つ
□自立型からの転職はどんな理由であれ躊躇する必要はない

選択3 起業という選択をとるべきか

強い思いがあるのなら起業や独立はいつでもできる

起業は転職とは違う。まずそのことは理解しておかなければいけない。転職があくまでも別の組織に行くことであるのに対して、起業はそれが従業員を雇わない独立であろうとも、組織を作ることに他ならないからだ。そして起業には条件がある。

それはどうしても起業したい、独立したい、という前向きな思いだ。思いが強ければ、他の条件は後からついてくる。資金や人材はもちろん、起業時点で備わっていないさまざまなスキルも必要に応じて身についてくる。判断力や行動力など、失敗を繰り返しながら鍛えられるものもあるのだ。それらはすべて思いがあって初めて備わるものだ。

今の仕事が嫌だから、出世の見込みがないから、というようなマイナスの思いで起業しても成功する確率はとても低い。そして起業に必要なさまざまな要素も、マイナスの思いの起業には備わってこないだろう。

逆に言えば、思い以外の条件は起業においてそれほど重要ではない。若すぎるとか年をとりすぎているということも関係ない。今勤務している会社がロイヤリティ型であるとか自立型であるとかの条件も重要ではない。公務員が一念発起して作り上げたベンチャー企業もあるし、自立型出身の経営者が典型的なロイヤリティ型の会社を育てることだってあるのだから。

ただもし起業を志すのなら、その前に会社の中でできることがある。それが社内フリーランスという生き方だ。

「社内フリーランス」という生き方

私たちの多くはなんとなく会社に勤務していれば安定した生活ができると思っている。派遣社員や契約社員には正社員になれば安定するというイメージがあるし、平社員から課長や部長になれば成功と安定が手に入ると思うだろう。

たしかにそういう時代はあったのだけれど、今やそういう時代ではない。

ロイヤリティ型の会社で忠誠心を示して部長にまで出世したとしても、役員になっていなければ定年と再雇用のルールはほぼ無条件に適用される。環境適応型でももちろんそうだ。

仮に役員になっていたら定年が3年から5年ほど延長され、定年後の処遇ももう少しましになっている。だから会社の中で出世を目指すのであれば役員、それも常務以上に出世することを目指すべきなのだ。しかし役員になれる人はごく少数派にすぎない。

ということは?

大半の人はいつか会社の外に出ることを意識して活動する必要があるということだ。そうしてその活動が実は定年から除外されるきっかけになる場合もある。

60歳で定年、65歳まで再雇用というルールを持っている中堅企業がある。ほとんどの人には人事制度通りに定年が適用されるのだけれど、一部において例外があった。その人は技術分野の専門家として社外でも有名な人だった。しかしマネジメントができる性格ではなかったため、部長ではなく専門職として処遇されていた。肩書きは技術担当理事。そして業界団体への窓口としても活躍してもらっていた。

この人が60歳になって定年を迎えた際にどうしても技術担当理事という肩書きをそのまま与えておく必要があったのだ。次に同じような仕事を任せられる人はまだ40歳そこそこで、たしかに能力はあるのだけれど他社との調整作業ができるだけの経験を積んでいなかった。そして技術担当理事という肩書きを与えておく以上は定年後再雇用で給与を引き下げるわけにはいかないと会社が判断したのだ。結局彼はそのまま63歳まで給与水準を引き下げられることなく理事として活躍した。

また別の会社では法務部長が58歳の役職定年を超え、60歳の定年も超えて65歳まで部長として活躍した例がある。顧問弁護士たちとのネットワークに加え、交渉力に秀でていた彼に代わる存在がどうしても見つからなかったからだ。ちなみにこの人物は65歳以降も法務顧問として68歳まで在籍されていた。なおこの会社の取締役の定年は65歳までだったのだけれど。

他人に置き換えることのできない専門性や、強力なネットワークがあれば、現役でいられる年齢はどんどん後倒しにできる。それはまるで社内で独立して活躍しているような、社内フリーランスの状態だ。

要約

- □人は誰でもいつかは会社の外に出るのだから起業も選択肢として意識しておく
- □起業に必要なものは思いであり、他の条件は思いについてくる
- □起業の準備は会社の中でもできる。儲けの仕組みの理解とコミュニケーション力アップはすぐにでも始めておいた方がいい

選択4 退職した会社の人との人脈を維持するべきか

転職や起業で成功している人は元いた会社との関係を維持している

「円満退職」という言葉がある。仮に問題を起こして会社を辞めたとしても、職務経歴書にそう書くように指導されるだろうし、実際問題そう書いていない職務経歴書は見たことがない。

しかし実際に全員が円満退職できているわけではない。たとえば転職支援会社のエン・ジャパンが実施したアンケート[7]によれば、スムーズに退職ができたと考えているのは全体の81％だ（「そう思う」「ややそう思う」の合計）。年代別に見れば20代なら92％だが、30代で85％、

7 「みなさんの声を活かすためのユーザーアンケート」第79回、エンジャパン実施 http://mid-tenshoku.com/enquete/report-79/

40代で80％、50代では79％となっている。「そう思う」という答えだけで見ればおおよそ50％前後の人たちが円満に退職できている。

退職後に転職したにせよ起業したにせよ、結果として成功している人たちの円満退職している割合はさらに多いだろう。なぜなら円満退職することで、それまでに培ってきたつながりを維持できるようになるからだ。

転職先を選ぶ際の傾向として、専門性の高い職種の場合には類似した職種へ転職している。[8]仕事内容が似通っていれば、前職での人間関係が良い影響を与えやすいことは容易に想像できる。

また過半数以上の転職者は異なる業界へ転職するが、転職に際しての経路で25％を占めるのは縁故などの人間関係によっている。特に専門性の高い職業ではその割合は30％に近くなっており、つながりの重要性がわかる。これらはネットワーク論でいうところの弱いつながりという関係性が機能しているからであり、たまに連絡をとりあう程度の関係性の方が、親しくしている関係性よりもチャンスとなる機会を生じさせやすくなる構造だ。転職した自分自身がさらにつながりとなり、前職の同僚や部下を転職先に紹介することもあるだろう。

この弱いつながりは転職だけでなく、その他にも多くの点でチャンスを生じさせる。主にはビジネスに関する情報のやりとりになるが、たとえば営業における新規顧客の開拓で、前職から紹介される場合がある。また直接アプローチできない相手を紹介してもらうとか、先進的な技術分野についての情報共有などの例も多い。

逆に前職のつながりを維持できていなければ、転職のたびに新しいつながりを一から作り上げなければいけなくなる。それは転職後のキャリアアップにおいて大きく出遅れることとなるだろう。また中途採用した側の企業の期待にも十分に応えられなくなることすらある。

ロイヤリティ型の会社は転職後つながりを維持しにくい傾向がある

ではどのような会社のタイプであってもつながりを維持できるかといえば、そうではない。特にロイヤリティ型の会社では、少数の個人的つながりは維持できたとしても、組織的につながることは困難だ。また個人的つながりにしても数年で薄れてしまう場合が多い。

8 「日本銀行ワーキングペーパー　高スキル労働者の転職行動」（永沼早央梨、2014）

なぜならロイヤリティ型の会社では社内でのつながりを重要視する。そのため一旦社外に出た人とのつながりを持ち続けることについて、インセンティブが働かなくなってしまうのだ。外に出た側がいくらつながり続けたいと思ってアプローチしても、昔の部下ですら2年と待たずに疎遠になってしまうだろう。相手が社内で異動した場合にはなおさらだ。

またロイヤリティ型である以上、退職した人間はそれだけで忠誠心がないものとみなす傾向もある。特に人事部や中間管理職にその傾向が強い。一方で役員クラスになるとロイヤリティ型であってもつながりを維持しやすい。役員は自社内の関係性だけで成果を生み出すことがむずかしいポストでもあるからだ。

ロイヤリティ型の会社を退職してなおつながりを作った事例としては、取引関係を構築する場合などがある。転職先の会社と元いた会社とで共同で事業を起こしたり、そこまでせずとも共同購買をしたりするような場合だ。あるいは純粋に仕入先、あるいは販売先としての関係を構築するような例もある。

環境適応型の会社では異動によってつながりが途切れる

環境適応型の会社ではつながりの維持は比較的容易だ。なぜなら、在職している人たちが転職を意識する傾向が強いからだ。だから逆に退職した人から、別の会社の情報や転職事情などを聴きたがる場合も多い。

しかし環境適応型の会社は人事や組織の改革を進めることが多いので、その分だけ異動や部署変更もひんぱんに起きる。そうなってしまうと仮につながりが維持されていたとしても、彼ら/彼女らが何の仕事をしているのかがわからなくなりやすい。口が軽ければ別だが、管理職以上に昇進している人たちであれば改革後の自分たちの職務内容を軽々しく口にすることもない。結果としてやはりつながりは途切れていくだろう。

ロイヤリティ型で有効だった取引関係の構築は環境適応型であっても有効だ。しかし実際の例を見てみると、むしろ最初のつながりをきっかけとして、新たな関係を構築することになるようだ。たとえば仕入先として取引を始めたが、やがて最初の担当者が異動になり、新しい担当者との間で信頼関係が構築される場合などだ。

「○○さんも昔うちの会社で働いていらっしゃったんですってね」という程度の挨拶がされるようになればそれは新規のつながりだ。もともとのつながりよりも多少強力ではあるが、予想しないようなチャンスを生むことは減っていく。

自立型の会社は「アルムナイ」を持つことが増えている

では自立型の会社はどうだろう。

近年、自立型の会社では、退職者を資産として考えることが増え始めている。その一例が「アルムナイ（卒業生）組織」の構築だ。

たとえばある会社では定期的に会社側の主催でアルムナイパーティが催される。有名ホテルでの立食形式などで、そこには会社の経営層も多くが出席する。そして会社を卒業した人たちを招待し、近況を伝えあったりしながら楽しみの時間を共有する。この会社では卒業生が元いた会社の代理店機能を持つことも多いので、実際のビジネスの話もひんぱんにされる。

また別の会社では、退職者だけが参画できるメーリングリストを持っている。メーリングリストに投稿すればすべての参加者に同じメールが届く。その会社のアルムナイメーリングリストはすでに参加者2000名を超えており、全退職者のおよそ40％を網羅している。参加者には1年ちょっとで退職した人から、社長経験者や役員経験者まで含まれており、多様なやりとりがされる。

ビジネス上のやりとりも多いが、プライベートのやりとりも多い。一例をあげれば、「今度ベルリンに旅行に行くんですが、行っておいた方がよいレストランはありませんか」という質問が投げかけられるとする。すると数日の間に、「どこそこのレストランは絶対おすすめ」とか、「ちょうどその日程でベルリンにいるのでご一緒しましょう」というような返信が入る。もちろん互いに見知らぬ関係であってもだ。

あなたが卒業した会社にこれらの機会がもしあるのであればぜひ積極的に活用しよう。個人でつながりを維持しようとするよりも、数倍以上の効果が発揮できるからだ。

実はロイヤリティ型の会社でもこのような組織はある。しかしそれはあくまでも定年退職した人たちだけを網羅するもので、しかも一定以上の役職経験者のみを対象としていたりする。旧財閥系企業グループであれば〇〇会館とか△△倶楽部というような名目で専用の施設も持っていたりする。しかしこれらはすでにビジネスの一線から退いた人たちに向けた慰労的なつながりだ。もちろん定年退職後のプライベートを充実させるのには有効だが、それ以上の効果は生み出しづらい。

「同じ釜の飯」を食べたことが何よりも強いつながり

仮にこれから転職、あるいは起業などをきっかけに退職するとしたら、つながりの維持は常に意識しなければいけない。元いた会社の現役の同僚たちと、すでに退職している人たちやこれから退職する人たちとのつながりだ。

同じ会社にいたということは、同じ価値観を知り、同じ物の見方に慣れており、そして同じような基準で行動していたということだ。

かつては高校や大学の同窓生であるということがそうしたつながりになっていた。今なお学閥がある会社もあり、特に私立であるW大閥やK大閥などは有名だ。

しかし転職が一般化していく中で、高校や大学以上に、新卒で入った会社の同僚たちとのつながりが大きな価値を持ち始めている。

実際に退職を経験しているとわかるが、机の椅子をくるりと回して気軽に話せていた後ろの席の同僚と連絡をとるにも、メールや電話による何段階かの手順を踏まなければいけなくなる。最近は情報管理も厳しく、また退職者との連絡は私用であるとみなされる場合もある。理由がなくても話せていた関係が、わざわざ理由を作らなければ会えない関係になっていくと、次第に疎遠にもなっていく。

しかしそれはあまりにも残念で、かつもったいない話だ。だから今いる会社のつながりを確実なものにしていけるように日々の関係を大事にしていこう。そしてもし今すでに退職している同僚がいるのであれば、彼らとのつながりをあらためて確認することも重要だ。

要約

- □古いつながりを維持することは新しいつながりを作る以上の価値がある
- □会社のタイプによってはつながりを維持しづらい場合もある
- □会社側が退職者とのつながりを作る機会を設けているのであれば積極的に活用する
- □会社の同僚関係は今や同窓会よりも大きなメリットを生むようになっている
- □すでに退職している人たちとのつながり作りから始めてもいい

第3章

「会社の価値観」から「自分の価値観」へ

セルフマネジメントアビリティを身につける

よく考えれば、会社に就職することはあたりまえではない

かつてジェイムズ・アベグレンが「終身雇用」「年功序列」「企業内組合」を特徴として分析した日本企業はもはや少数派だ。法的な形では残っているが、終身雇用も年功序列もその中身を大きく変えている。

なぜ企業が今のような形に変貌してきたのかを考えてみると、いくつかの環境変化があげられる。その中で最も大きな変化が二つあると私は考えている。

一つ目は自由度の高まりだ。その典型的な影響は家族構成にあらわれている。

1990年代まで標準的な家族というのは夫・妻・子ども2人というものだった。しかし最新の国勢調査（平成22年）では4人世帯の割合はすでに15％以下だ。3人以下の世帯は実に78％になっている。成人して結婚し子どもを育むということがすでに常識ではなくなっているということだ。

生活の自由度が高まる中で他人にあわせながら生きるという選択を選ばない人が増えるということは、先進国共通の傾向だ。その結果若者が減り、高齢者の割合が高まっているが、

それは避けられない未来でもあった。

二つ目の変化はＩＴの進化だ。進歩よりも進化という言葉がふさわしいだろう。日本へのＩＴ化の最初の波は１９９３年にやってきた。Ｗｉｎｄｏｗｓ3.1の発売である。Ｗｉｎｄｏｗｓ3.1というＯＳ上で、事務作業は書くことからタイプすることに変化した。またそれまでは複雑な手順をふまなければ接続できなかったインターネットに誰でも簡単にアクセスできるようになった。

そうして情報は検索性を持つようになり、知識が普遍化していくことで、働き方そのものが大きく変わっている。ＩＴの進化はさらに進んでおり、クラウドネットワークをもとにした人工知能技術の発展がさらなる変化を生む。現在をインダストリー4.0として第四次産業革命とする定義もあるが、ＩＴの進化による影響としては継続している。だからおそらく後世の経済学者は今の30年間を第三次産業革命の時期として定義するだろう。

この2つの変化によって国家という概念もすでに変化しつつある。かつて国家とは領土と国民によって規定されるものだったが、多くの人が移動の自由を手にしており、住むところと国籍との区分があいまいになりつつある。

歴史を振り返れば、会社員の歴史はまだ浅い

技術・文化の300年の変化

	技術の変化	文化の変化
1700年代〜1800年代	産業革命	・人口の飛躍的増大 ・所有と労働の分離が拡大
1800年代	第一次産業革命	・賃金労働者の発生 ・高速・遠距離移動手段の獲得
1800年代後半〜1900年代	第二次産業革命	・大量生産による消費の拡大 ・企業の大規模化 ・他国との関わり増大
1900年代末〜2000年代	情報(IT)革命＝第三次産業革命	・知識の普遍化 ・個人の自由度増大 ・働き方の変化　さらにその先へ

　また国家に従属していたはずの企業は今や国家と対等な存在になっている。国家と企業とをＧＤＰで並列に比較した資料[9]によればトップ１００のうち40％を企業が占めるようになった。

　それだけの力を持つようになった企業は、国家以上に迅速に変化に対応している。国民ではなく顧客を見て、彼らの嗜好の変化を取り入れさらなる成長を続けている。ＩＴ進化も取り込みながら未来を創造しているのは企業そのものに他ならない。

　そうして変化を続ける企業の中で働く人もまた変化しなくてはならない。

　それらの変化はすでに人事にあらわれて

いるのだ。

もちろん日本発の企業の多くは変化がゆるやかだ。しかし変化していることは確実であり、かつ以前の状態に戻ることはない。

結果として企業の中で働く私たちは、働き方を変える必要に迫られることになった。さまざまなタイミングでの選択において、変化を前提とした選び方をする必要があるのだ。

「誰しもがいつかは会社の外に出る」。そのあたりまえの事実に私たちの多くは気づかされていなかった。新卒で就職活動をして会社に就職する。それからは会社の指示命令に従いながら仕事を覚え、キャリアを高めていくことを当然として考えてきた。

しかし考えてみればそんな生活があたりまえになってきたのは日本でもここ50年ほどの話だ。統計的に見てみれば、会社に雇用されて働いている人の割合が50%を超えたのは1963年[10]だ。

9 『10年後世界が壊れても、君が生き残るために今、身につけるべきこと』(山口揚平、2015)
10 「労働力調査」(総務省)

その背景には産業構造の変化があったのだけれど、個人が働いて自分が自由に使えるお金を得る、ということ自体がここ数十年の話なのだ。少なくとも今から50年よりも前の時代には、自分が稼いだ金を自由に使える人たちは少数派だった。

今私たちは会社の中で働いているけれど、まずそのこと自体を疑ってかからなければいけない。その中でも最も疑わなければいけない常識が、「時間で働く」という概念だ。

時間で縛られる以上は正社員も契約社員も大きく変わらない

正社員で会社に入ると、たとえば9時から17時までが定時だと示される。そして「定時を超えて働くと残業になります。うちの会社では組合との間で36（サブロク）協定を月30時間まで結んでいるので、上司に指示されたら月30時間までは残業をしてください。その分残業代を計算して月給に加算して支払います」というようなことを就業規則として示される。

この就業規則というルールは実は派遣社員や契約社員にも適用される。だから毎日働くことについてのルールは、正社員と派遣社員、契約社員とでなんら変わることはないのだ。現在では残業代支給対象外となる管理監督者の定義も厳しく求められるので、仮に名目的に管理職であったとしても残業代が支給される場合すらある。

「時間で働く」という概念はもともと工場労働者向けのルールとして発展してきた。そして戦後、働く労働者側を守る方向で労働法の改正が進んできたという経緯がある。戦前であれば1日12時間勤務があたりまえだったし、子どもを学校に行かせずに働かせることも一般的だった。しかし戦後、雇用についての契約概念が広まるにつれて1日あたりの働く時間が減り、休日も増えていった。そして今の週40時間労働という制度に落ち着いているわけだが、本質には従業員とは会社の命令に従って時間を拘束されるという概念がある。

日本で一般的な正社員という概念は、時間で働くというルールはそのままに、少なくとも一生＝終身の生活の面倒を見ますよ、という考え方で広まったものだ。それが終身雇用(Lifetime Commitment) というものだった。しかし今や終身雇用を厳密に守ることができる会社は多くはない。

また契約社員や派遣社員について、限定正社員として給与水準は低めにするが、昇給や賞与、教育の機会を提供する制度も広まりつつある。

となれば正社員と契約社員、派遣社員との違いは、単に「時給が違う」ということだけになってしまう。

ほとんどの場合、私たちは人生の時間を切り売りして生きている。しかしそれは少なくともこの50年ほどの間の常識にすぎないのだ。

まずは、最初に入った会社の社風を客観視する

もしあなたがいつか今の会社から外に出るとして、その後も時間を切り売りしながら生きていくことを望むだろうか。この50年間の歴史の中で私たちは自由を手にし続けてきた。そしてこれからも自由を望むのであれば、時間を切り売りする考え方からも自由にならなければいけない。そのためにはまず、自分自身にしみついた常識を客観視することを勧めたい。特に私たちにしみついている働くことの常識は、一番最初に入った会社の社風、つまり組織文化に大きく影響されている。
目に見えづらい組織文化を具体化するためには、3つの視点から整理をするとわかりやすくなる。加護野忠男氏の分類によればそれは価値観、パラダイム、行動規範に分類される。[11]
価値観とは、意思決定の優先度の判断基準だ。それは経営理念に示されている場合もある

が、経営理念そのものが形骸化していることもあるので、実態としては組織の中で一定期間を過ごしてみないとわかりづらい場合が多い。たとえば経営理念に顧客第一と示されていても、実際の価値観は利益重視ということもある。

パラダイムとは、価値観に影響を与えているものの総称だ。パラダイムを直訳するとモノの見方や考え方となる。たとえば業界全体の売上が縮小する中で、少数の企業が寡占化の度合いを進めている場合、それをチャンスととらえるか危機としてとらえるかはこのパラダイムによる。極めて単純化すれば、保守的か革新的か、というような区分をすることもできるだろう。

行動規範とは、価値観とパラダイムによって構成される実際の行動を示す。実際の価値観が利益第一主義で、パラダイムが革新的であれば、たとえば顧客満足を気にせずに強気の販売行動をとるようなことになるだろう。しかし利益第一主義でもパラダイムが保守的なら、既存顧客との関係を長期的に維持する行動を暗黙のうちにとっているかもしれない。

11 『ゼミナール経営学入門』（伊丹敬之、加護野忠男、２００３）

この3つの視点から自社の組織風土を確認してみることで、自分自身にしみついた常識の確認ができるのだが、ロイヤリティ型、環境適応型、自立型として定義したそれぞれの企業タイプについて簡単に整理してみよう。

ロイヤリティ型の組織風土ではパラダイム変化が乏しい

ロイヤリティ型の会社では忠誠心を求められる代わりに、終身雇用の安定と比較的高い給与水準を保証されるタイプの会社だ。これまでの章に記したように、ロイヤリティ型の会社では会社命令によって異動・転勤することが求められる。非効率な残業が求められることは減っているが、会社にとって必要なものであれば断ることは難しい。

その背景にある組織風土はどのように整理できるだろう。

まず価値観だが、多くのロイヤリティ型の会社では、価値観において創業の理念を重視する傾向が強い。なぜならオーナーシップが明確な会社においてロイヤリティ型の組織風土が形成されやすいからだ。そのため創業の理念を暗唱し、全社集会で全員が理念を唱和する光景もよく見られる。良く言えば一体感が醸成されており、悪く言えば画一的な考え方になりやすい傾向がある。

そのような価値観のため、パラダイムは変化に乏しくなりやすい。経営理念については変えてはいけないという説と、柔軟に変えるべきだという説がそれぞれあるが、特にロイヤリティ型の会社では理念を変更しようとはしない。環境が大きく変化しても同一の価値観を維持しようとするため、変化そのもののとらえ方も画一的になりがちだ。

結果として行動規範も20年前と大きく変化しないような状態が起きる。たとえば50代の社員が20代の社員に対して、「うちの会社ではこういうやり方があたりまえだ」というような指導をしても間違っていないような状態だ。

だからロイヤリティ型の会社で育った人は、あらためて自社の常識と他の会社の常識とのギャップを確認しなければいけなくなることが多いだろう。

環境適応型の会社の組織風土は解凍されている状態

次に環境適応型の会社ではどのような組織風土になっているだろう。

環境適応型はもともと別のタイプに属していた会社が、環境変化にあわせて人事を変革しようとしている会社だ。そのため、組織風土が一律に定まっていない場合が多い。

人事の改革はそれ自体が組織風土に影響する大きな変革だ。その変革は3ステップで進められるという社会心理学上の定義がある。解凍、変化、再凍結、という3ステップだ。

解凍の段階ではまずそれまでの価値観やパラダイム、行動規範が一度リセットされる。完全に否定されはしなくとも、少なくとも変革の必要性が危機感として示される段階だ。

次に変化の段階で、具体的な変革の方向性が示される。そして変革に対する組織の抵抗が強くなるのもこの段階だ。多くの組織風土改革が失敗する原因は、この変化の段階を乗り越えられないために起きることが多い。

最後の再凍結の段階で、新しい組織風土にあわせて価値観、パラダイム、行動規範が円滑に動くように調整をする。人事の仕組みで言えば評価制度が順調に機能し、給与改定や賞与にうまく反映され、組織におけるポストに最適な人材がついているような状態が実現することだ。

環境適応型の会社ではこの3ステップの変革のいずれかの段階にある。そして多くの変革は再凍結にまではいたらず、解凍＝すなわち危機感の共有にとどまっていたり、変化はさせたもののそれが一部の機能にとどまっていたりする。総合的に変革を進めたとしても、最後の再凍結がうまくいかず、社内の一部の人たちが昔を懐かしんでいつまでも変われないままでいるということも多い。

とはいえ環境適応型の会社にいる人は少なくとも危機感は持っている。今どういう変化が起きているのか、ということについて、パラダイムは違えども事実としては認識できている状態なのだ。

その結果、環境適応型の会社では危機感そのものは持ちつつも個人ごとのパラダイムが違うので行動も異なっている。その違いは多くの場合、世代や役職に影響されている。

典型的にはバブル世代、団塊ジュニア世代、就職氷河期世代、ゆとり世代などの違いがあらわれやすくなる。ロイヤリティ型の会社ではこれらの世代の違いが組織風土にあわせて統一されていくのに対して、環境適応型では世代の特徴を残したまま、行動に反映されやすくなる。

重要なことは、そういう世代論を考えない会社も多い、という事実を理解しておくことだ。「今の20代はゆとりだから」「バブル世代はいいかげんなんだよな」という言葉を自然に話していること自体が特殊なのだということを理解しておいた方がよい。もちろん環境適応型の会社は現在の多数派ではあるのだけれど。

自立型の会社はロイヤリティ型の会社の組織風土に近い

自立型の会社における組織風土はどういうものだろう。

自立型の会社では雇用に関して契約概念を尊重している。そのためロイヤリティ型のように会社の価値観を一方的に押し付けることもなければ、環境適応型のように異なる価値観の世代に分かれているわけでもない。個人個人が持つ価値観なりパラダイムなり行動規範なりが尊重されている状態が自立型の会社の典型だ。

しかし現実にはそのこと自体が強烈な価値観であり、パラダイムであり、行動規範となっている。だから自立型の会社に慣れている人は、ロイヤリティ型の会社の社風にまったくなじめない場合もある。

あるロイヤリティ型の会社の人事担当役員から聞いた話がある。その会社は強烈なオーナーによって一代で1兆円のグループ売上高を達成しており、M&Aを繰り返すとともに、中途採用でも優秀な人材をどんどん採用していた。しかし人事担当役員いわく、「どんなに優秀でも、ＩＴ系とかコンサルタント出身の人はすぐに辞めてしまうんです。続いているのはメーカー出身か、金融系だと銀行系の人が多いですね」ということだった。

「うちの会社では出世するほどに自由はなくなりますから。オーナー自身が24時間体制で働いていますから、取締役はもちろん部長や課長でもワーク・ライフ・バランスなんてありません。だから自由な社風で育った人はすぐに出て行ってしまいます。最近ではそういう経歴の人には最初にそのことをお伝えしているんです」

自立型の会社はある意味ロイヤリティ型の対極にある。しかし組織風土が強烈に確定しているという点では、別の意味でのロイヤリティ型と言えるのかもしれない。

人事制度を活用し、エンプロイアビリティのその先へ

どのタイプの会社で育ったのかということによって、その人の価値観やパラダイム、行動規範は強く影響を受けている。自分自身のキャリアを自律的に築き上げていくためにはどのような影響により自分がどう考えて行動しているのかを理解しておくことが望ましい。

そこから先の選択は3つある。

一つ目は、今いる会社で60歳あるいは65歳まで活躍するという選択。

二つ目はそれよりも早い時期にチャンスを見つけて、別の会社で活躍しようとする選択。

三つ目はそれ以外の選択だ。

一つ目と二つ目の選択のために私たちは、会社という組織の中で通用するさまざまなスキルや経験を積むことが重要だ。それらのスキルや経験を総称して、エンプロイアビリティ（雇用されるにふさわしい能力）と定義できる。

人事制度を上手に活用することは、このエンプロイアビリティを効率的に高めていく手段だ。時間を基準にして働くことから成果を生み出すために働くことへの転換、異動や転勤などで新しい専門性と経験、つながりを得ていくこと、そして会社の組織風土を理解しながらそれにあわせた行動をとるようになることなどだ。

しかしそれらはほんの50年間の間に培われた考え方にすぎないことを思い出してほしい。

現在は80％以上の人が就職して給与を収入として生活しているが、以前はそうではない生き方があたりまえだった。たしかに労働時間に対する対価を収入として得ることは生活のリスクを低くする。そして収入と余暇（切り売りしていない時間）によって人は自由度を拡大してきた。

現在起きている環境変化は、おそらくその先へ向かうことを要求するだろう。

ＩＴの進化によって人々の生活の自由度はさらに高まっていく。そこで求められるのは雇われて時間を切り売りしてゆくためのエンプロイアビリティではなく、別の能力だ。

それは時間ではなく、生み出す価値そのものに直結する能力のことだ。私たちはその能力の事をよく知っている。

生涯通用するセルフマネジメントアビリティを獲得する

私たちはマネジメントというと管理職が持つ能力だと考えてしまう。管理職とはマネジャーである、と理解している人も多いだろう。しかし管理職を直訳するとアドミニストレーターとなる。組織を管理監督することが管理職の役割であり、マネジャーとは異なるのだ。マネジャーの本来の意味は経営者であり、マネジメントとは経営行動をあらわす。

そしてマネジメントとは「経営資源となるヒト・モノ・カネを用いて、成果を生み出すこと」だ。企業などの営利組織であれば、利益を生み出しながら組織を維持し続けることがその目的となる。公的機関であれば設立目的に即して円滑かつ効率的な結果を生み出し続けることだ。

このマネジメントの対象が自分自身となる状態。それが雇用されることの先にあるものであり、私たちが自律的なキャリアを創造するために前提とすべき能力だ。

エンプロイアビリティとはあくまでも組織の一員としてのマネジメントアビリティだ。高い専門性やコミュニケーション能力、多くの人数を管理監督した経験などがエンプロイアビリティに含まれるが、それらは総合的なセルフマネジメントアビリティの一要素にすぎない。

自分自身の行動と意欲をマネジメントする

セルフマネジメントアビリティが対象とするヒト・モノ・カネは次のように整理できる。

まず、**ヒトとは自分自身の行動と意欲**だ。

個人としての行動や意欲はキャリアアンカーという言葉で定義できる。エドガー・シャインによって提唱されたこの概念には8つの区分がある。本来の定義は少々堅苦しいので、やわらかく示してみよう。

- 専門性を高めること
- 組織の中で出世すること
- 自律的に生きること
- 安定した生活を送ること
- 新しいものを生み出すこと
- 社会に貢献すること
- 高い目標にチャレンジし続けること
- プライベートを大切にすること

たとえば「専門性を高めること」が自分自身のキャリアアンカーであれば、専門性を育てられるかどうかを基準として残業や異動などの命令を判断してみることだ。この異動で専門性は高まるだろうか。あるいは新しい専門性を獲得できるだろうか、というように考えていけば、選択に対する満足度は高まり、結果としての行動も適切なものになる。

キャリアアンカーがもし「プライベートを大切にすること」であれば、仮に転勤によって出世できるとしても断る選択を考えてみる。なぜならプライベートを犠牲にする転勤はその人にとって大きな負担となるだろうから。

第2章で示したように、会社の中で雇われて生きる生活は長くても65歳までだ。その先は仮に雇われるとしても毎年更新の契約社員のような形になり、評価もされることがない。であれば自分自身の価値観に沿って選択をすることはあながち間違った行動とは言えないのだ。

ただ、とはいっても会社から収入を得ることが唯一の生計であるとすれば、自分自身のキャリアアンカーについても深く考えてみた方がよい。

シャインの概念で言えば「組織の中で出世すること」「専門性を高めること」「新しいものを生み出すこと」「高い目標にチャレンジし続けること」などのアンカーは経済的な成功を実現しやすい。

しかし「プライベートを大切にすること」がアンカーだとすれば、会社は生きづらいところになっている。仕事とはあくまでもプライベートのために存在するものだと考えているのであれば、出世や専門性を高めるための努力、新規性の高いチャレンジなどは邪魔なことにしか感じられない場合もある。

キャリアアンカーはこれまでに定義した会社のタイプとのマッチングにも影響する。「自律的に生きること」がアンカーの人にとってロイヤリティ型の会社は息苦しい。たとえ表面的に会社に対して忠誠心を示していたとしても、ここは自分がいる場所ではない、という思いが常に去来しているはずだ。

逆に「安定した生活を送ること」がアンカーであれば自立型の会社は耐えられない。自立型の会社で生きるということは、リスクを個人が負うということでもあるからだ。そしてリスクのある生き方は安定からは程遠く感じられるだろう。

「社会に貢献すること」がアンカーだとすれば経済的な成功は難しいかもしれない。経済的に成功してから社会に対して良いことをすることは比較的たやすいが、社会に対して良いことをしながら経済的に成功することはよほどの運と縁に恵まれる必要があるからだ。

自分自身のキャリアアンカーは、今までの経験やスキル、生活上の欲求によって形成されている。キャリアアンカーを知り、それがなぜそのように形成されているのかを理解すれば、自分自身というヒトのマネジメントもわかりやすいものになる。

自分自身の顧客との関係をマネジメントする

モノのマネジメントとは顧客のマネジメントであり、自分自身にお金をくれる相手とうまく付き合うことだ。だからまずコミュニケーションから始めなくてはいけない。

会社に所属して働いている場合、顧客は会社そのものになる。そして会社という顧客とうまく付き合うには、会社の中にいるさまざまな人たちとの関係を上手に作り出し、維持する必要がある。

たとえば上司や同僚、部下との関係がそうだ。上司は仕事の指示命令をするとともに、行動や結果についての評価を行い、直接的な報酬に反映する有力な顧客だ。

同僚や部下は普段のやりとりや行動を観察することで評判を作り上げる。評判が会社の組織風土にあっていれば高い評価につながりやすいが、そうでなければ評価そのものを引き下げていくこともある。人事評価だけでなく、異動や昇進などの判断で評判が重要視されることもあるのだ。

視野を広げれば会社の外にも顧客はいる。あなた自身が提供する価値を享受する人たちすべてが顧客だと考えることができる。取引先はもちろんそうだし、競合他社も含まれる。今の会社で働き続けるとしても関係性は必要だし、仮に転職や起業をした場合には取引先や競合他社とより深い関係になる可能性もあるのだ。

コミュニケーションが適切にとれるようになれば、次に自分自身が提供できる商品やサービスを明確にしていくことが必要になる。

もし提供できる商品やサービスが明確でなければ？　そのためにこそコミュニケーションから始めるのだ。そうして顧客が求めている専門性や経験を積んでいくようにすればいい。

お金のために自分自身の信用をマネジメントする

自律的なキャリア構築のためのカネのマネジメントというと、貯金とか株の運用とかを想像するかもしれない。しかし**カネの本質とは信用**なのだ。組織においても個人としても、信用のマネジメントこそがカネのマネジメントに他ならない。

たしかに資産の形で持っているカネは重要だ。今持っている資産自体が信用となる要素は大きいがそれだけではない。企業の財務諸表で考えてみればわかるが、たとえば株式時価総額が数兆円を超える某企業では、長らく毎月の収支は赤字で、そもそもの現預金も借り入れなどで賄っている状態が続いていた。それでも成長性を根拠として株価が上昇し続け、銀行からの借り入れを後押しし、金融市場からの資金調達を容易にしていた。そうして貸借対照表をバランスさせていた。

それは個人であっても同じように考えることができる。今手もとにお金がなくても、必要なタイミングで必要な額を調達できれば、カネのマネジメントは十分にできているのだ。

企業におけるカネのマネジメントがそうであるように、現預金をはじめとする資産を確保することと、借金できる可能性を高めていくことが個人のカネのマネジメントだ。たとえば給与を受け取ってそのまま全部使い切っているのであれば、資産も残らないし借金できる可能性も高まらない。それはカネのマネジメントができていない状態なのだ。手にした給与を資産に置き換えていくか、あるいは信用力を高めるために使っていくのか、いずれかの方法を常に考え続けることが必要になる。

社内で慕われる穏健派と転職してきた変革派、どちらが経営幹部になるか

セルフマネジメントアビリティを持つことで会社の中での出世にとらわれない選択肢が手に入るようになる。それは会社の中に居続けた場合にも有効に機能する能力だ。エンプロイアビリティが「雇われる」ためだけに影響する能力であるのに対して、セルフマネジメントアビリティは雇われることにも良い影響を及ぼす。典型的なものが出世だ。

たびたび記しているように、会社の中での出世においては同期間競争がつきものだ。それが出世のあたりまえであったし、時には同期を蹴落とすことで出世できる場合もあった。

しかしそれは定年退職するまで全員が同じ会社にいることが前提となっている考え方だ。

前著にも記したように、仮に同僚を蹴落として社外に出向させたり、あるいは自分自身が競争に敗れて左遷されたりしたとしても、そこからの復活が可能になっている。

また中途採用が増えているため、同期間の競争に加えて、社外からやってくる人と比べられる機会も増えているのだ。

たとえば私は複数の組織で、経営幹部クラスへの昇進に際しての面接官を担当している

が、そこでは次のような比較がされる。

A氏：社内の出世コースを歩んできている。人事評価の結果も良好で、上司からの信頼も厚い。多くの人員をマネジメントしてきており、面接での受け答えも安定感のあるものとなっている。また自社の経営理念を熟知して行動にも移している。ただあえて指摘するなら、現在の所属にいる期間が長いため、変革の実績に乏しい。

B氏：都銀から証券会社に移ったあと、メーカーで上級管理職となっている。各社での評価は不明だが、職務経歴を見る限りでは50名ほどのマネジメント経験も長く、かつ数値での結果責任に応えてきたことがわかる。面接での受け答えは論理的だが、若干冷たい印象もある。良くも悪くも変革に対する意欲が強く、実績においても厳しいリストラを進めたことなどがわかる。現在の会社の組織風土にあわない可能性もあるが、変革のリーダーとしてなら活躍するだろう。

これは実例ではなくあくまでもサンプルだが、このような比較をした結果、その経営幹部ポストにB氏が採用される場合もあるのだ。普通に考えればA氏が最適と思われるような出世も、社外からくる人との比較となると別の次元での競争になる。

仮にA氏がこれまでの出世において、社内の同期や先輩、後輩に対して競争相手としてのみ接していたとすれば、B氏がやってきた時点でA氏の立場は危ういものになるだろう。かつての競争相手はA氏の味方とはならないだろうし、またA氏自身のモチベーションも大きく低下する可能性がある。やがてB氏は改革が終わればまた別の会社へ移るかもしれないが、そうなった際にはA氏を取り巻く人間関係はずいぶんとややこしいものになっているだろう。

だからこそ、社内で出世を目指すとしても、セルフマネジメントアビリティとしてあげたヒト、そしてモノについてのマネジメントをしっかりと身につけておきたい。そうすれば出世競争に勝ったり負けたりした結果そのものに直接的な影響を受けすぎることなく、より長期の視点でのキャリアを構築できるようになるからだ。ついでに言えばカネのマネジメントもしっかりしておくと生活面の安定も確保しやすくなるので、社外に出る選択もしやすくなるだろう。

同じ世代にコーチを探す

会社におけるマネジメントが誤った判断をしたとき、監査役などの役割がチェックを果たす。そうして会社を所有している株主の利益を守るわけだが、自分自身のマネジメントを間違える場合にはどうすればいいいだろう。自分自身の「所有」と「経営」は分離していないから、もし間違えた行動をしたり顧客とコミュニケーションできなかったり信用を失ったりしたら、それは即座に自分の生活を破たんさせることになる。となれば自分自身をチェックする存在が必要だ。以前の社会であればそれは両親などの年長者だった。しかし今や年長者によるチェックを受けることはあまりお勧めできない。

その理由は世代の違いに基づく価値観の違いだ。50年前から日本社会は大きく変化しているが、さらに最近ではその変化の速度が速い。そのため個人が持つ価値観が大きく変容している場合が多いのだ。たとえば今40代の人が70代の両親に助言を仰いだとしても、両親がよほど変化に対応した生き方をしている人たちでなければ適切な判断ができない。典型的なものが転職や起業に対する考え方であり、あるいは貯金に対する考え方の違いなどだ。

だから**適切なチェックのためには同世代で自立した生活をしている人を探さなくてはならない。それはコーチの役割を担う人**だ。状況を客観的にヒアリングして、自分自身の中にある行動や意欲の源泉を思い出させてくれる人だ。

その相手はもちろん職業としてのコーチである必要はない。一緒に働いたことのあるあまり年の離れていない先輩や同僚、学生時代の同窓生、取引先などどんな人でもよい。重要なことはあなた自身を信頼して、あなたの話を聴いてくれる人を探すことだ。

セルフマネジメントアビリティを備えて日々を過ごしながら、時には同世代のコーチに相談する。そのような生き方がこれからの成功には不可欠となっていくだろう。

第4章

世代によって違う「働き方のルール」

モデルなき時代の会社員の行動規範

世代ごとに「働き方の常識」が異なる時代

この章では人事上の選択をもとに、セルフマネジメントアビリティをどのように発揮していくべきかを世代別に分けて示していく。なぜなら同じ会社で働いているとしても、世代ごとに経験してきたことが大きく異なっているからだ。

その違いは働き方の常識であり、出世の選択肢であり、知識や経験の持ち方などにあらわれている。

たとえば今50代の人は1980年代に社会に出ているので、ITが劇的に進化した1993年時点では30代だった。つまり働き方について最も影響を受ける20代において、ITの経験が乏しい世代だ。50代の方々の中には今なおメールでの連絡を嫌う人も珍しくない。ワードやエクセルといったOAソフトへの習熟度が低い人もいる。

バブル前の時代を過ごしているので、ロイヤリティ型の働き方が染みついている。表面的な言葉はともかく上下関係にも厳しく、ハラスメントの癖が抜けない人だっている。

また、かつては知識や情報の量が権力に結びついていた時代の方が長かった。だから特定の知識や情報を自分だけのものにしておきたがる傾向もある。

今40代の人は社会に出たタイミングと環境変化のタイミングが重なっている世代だ。だからこの世代は50代の人に近いタイプと、30代より若い世代に近いタイプに極端に分かれやすい。一般的にはバブル世代と言われているが、本当にバブル気質の抜けていない人と、最近の環境変化に完全に対応している人とに分かれているのだ。

今30代の人は環境変化の厳しさを痛感させられた世代だ。40代、50代の人たちの働き方や価値観を目の当たりにしながら、自分たちがしわ寄せを受けていると感じてきている。そしてさらに言えば将来に対する希望もなかなか持てない実感がある。その一方で、現在の働き方はこの世代が作ってきている。環境適応型の会社を伸ばし、自立型の会社を立ち上げてきた世代だと言える。

そして20代は変化したあとの世界を当然として受け止め、これからもさらに変化することを理解している。終身雇用や年功序列という人事の仕組みは情報として知っているのみで、自立型に向かう環境変化を自然に受け入れている。働き方においても組織に対する忠誠心や一体感というものを重視しすぎることはない。一方でこの世代はコピペと「いいね！」の文化に慣れている。知識とは抱え込むものではないし、縦の権力よりも横のつながりがあたりまえになっている。それはメリットとして機能することもあるが、デメリットになる場合もある。

この章で示すこれらの世代の違いについて、自分の世代だけではなく他の世代についてもぜひ理解してほしい。なぜなら世代ごとの働き方の常識がこれだけ違う時代は過去にはなかったからだ。だから自分にとって最適な選択をするためには、別の世代が何を考えて行動しているのかを理解しておかなければいけない。そうして私たちは新しい選択をしなければいけないのだ。

50代からの成功
――ここからどう動くかで人生はまだ変わる

まず現状を客観視する

変化を目の当たりにしてきているという点では、50代の人たちがもっとも影響を受けている。若い頃の常識を否定され、新しいことを受け入れるように強要されてきている。

ある会社で、かつては部長まで務めながらも役職を外されて専門職として処遇されている50代の人がいた。そんな彼は日々やる気もなく、次第に無口になって決められた仕事を粛々とこなすだけだった。彼のやる気を高めようと社長自身が何度も声をかけたりしたが、どうしても本音で返してくれない。そしてその会社の人事制度改革を担当したコンサルタントである私に、相談にのってやってほしいという依頼がきた。

引き受けた時点では彼の本音を聞き出すのにずいぶんと苦労するだろう、と予想していた。しかしそんなことはなかった。少しの呼び水で彼は1時間以上も本音を話し続けてくれた。その呼び水とはこんな言葉だ。

「まったく社長もひどい人ですよね」

もちろんあらかじめ社長には、会社と社長を悪者にして本音を引き出しますから、ということは伝えておいた。とはいえそれでもすぐに信用はしてもらえないと想像していたのだけれど、それだけ彼の中に不満がたまっていたのだろう。

私がうなずくにつれ、今の処遇についての不満、働き方についての不満、周囲の同僚たちから見られる視線についての不満、かつての部下であり現在の上司である人物についての不満などが、途切れることなくあふれ出てきた。

私はそんな不満を否定することなく、ただうなずきながら同意の言葉で彼の話をさらに促していった。やがて不満がひと段落したので、こう尋ねた。

「ほんとうだったら今どんな状態だったんでしょうね」

彼はため息をつきながらこんな話をしてくれた。

「私が若い頃の課長といえばいつも怒鳴ってました。売上をあげろ、経費を削れ、無駄口をたたくな、なんていつも口うるさかったです。でもみんなで残業したあとには会社の経費でいつも飲みに連れて行ってくれましたよ。あれは楽しかったなぁ」

「なるほど。そんな風にはできなかったんですか？」

「私が課長になったときにはもう景気が悪くなっていましたからね。会社の経費を使うどころか、残業代がつかなくなって手取りも減って大変でしたよ」

「じゃあ部長になったときには？」

「昔の部長はいつもニコニコしていて褒めてくれたもんです。毎日遅くまで頑張ってるな、とかね。それで定時前には取引先の接待で出て行ってました。たまに私も連れて行ってもらったりしましたけれど、ああいう接待で売上が伸びていましたからね」

「それもできなくなっていた？」

「そうですよ。部長になっても接待どころか毎日深夜まで会議会議で大変でした。おまけに部下も少なくなってるから自分で仕事もしなければいけないし。老眼が出てきてるのにパソコン画面を見ながらポチポチと資料つくるなんて、昔だったらありえなかった話ですよね。おまけに世代交代するからって役職を外されたもんだから、恥ずかしくて取引先とも話なんてできませんよ。わかるでしょう」

この人のたとえのように、約束が違う、と考えている50代の人は多いだろう。もしあなたが50代で、約束が違うと考えていないとすればそれは素晴らしいことだ。きっと今役員にまで出世しているか、あるいは変化を取り込みながら自分自身を成長させているだろうから。

しかしもし変われていないとすれば、もう遅いのだろうか。たとえばこの人のように役職を外れて専門職と言われ、定年後の再雇用が目の前に来ている状態で、成功を手にすることはできるだろうか。

実はそれは可能だ。セルフマネジメントアビリティでは特にモノのマネジメントを伸ばしていけばよい。

あえて50代から新しいつながりを作る

多くの50代の人は自分自身の価値観を確立しているはずだ。キャリアアンカーは経験の影響を強く受けるし、一度定まったアンカーはなかなか変化しない。だから自分自身というヒトのマネジメントはそのままで、モノのマネジメントを意識する。

モノのマネジメントとはコミュニケーションを踏まえたマーケティングだ。それは自分という商品を知っている人を増やして、その人たちにアピールしていくプロセスだ。

しかし50代の人たちにとっては「自分という商品を知っている人たちがビジネスの場から去っていっている」という事実がある。育ててくれた上司はすでに再雇用期間すら終えて引退している。取引先の役員たちも定年間近で、権限はすでに小さくなっている。築き上げてきた人脈がどんどんなくなっていき、若い世代に置き換わっている。

だからこそ、50代からあらためて新しいつながりを作るのだ。

たとえばある会社の50代半ばの部長は、ライン部長のポストから担当部長に役職が変わった。実質的な役職定年だが、この会社ではそこで給与を下げたりすることもなく部長として処遇していた。

しかしライン部長を外れると、社内の部下たちの視線が変わる。少なくとも上位の役職者ではあるが、上司ではないのだ。だから次第に会議にも呼ばれなくなり、自分の時間が増えるようになった。そこでこの部長は今までに付き合いのあった社外の人たちとあらためて交流を持つようにしたのだ。それも彼にしかできないビジネスの形で。

ライン部長の時代だったら、リスクが高すぎるからと捨てていた新規事業計画を再び取りあげ、少額ながらも予算を確保した。自分が動かせる社内スタッフがいないので、外部の取引先を巻き込んで計画を進めてもらった。営業先としては昔馴染みがまだいるところを選んで、意見を聞きながら計画を修正した。そうやって立ち上げた新規事業は小規模ながらも形になっている。今彼が考えているのは、再雇用される状態でもその事業の責任者の立場を確保することで、やがて来る65歳の退職以降もビジネスに関わっていくことだ。

通常の場合、ライン管理職を外れると社外の取引先ともなかなか会えなくなる。しかしこの例のようにまがりなりにも新規事業の形でビジネスができるのであれば、取引先とはつながりやすい。

さらにこの部長の例で言えば、新規の事業について詳しく検討するために、新たなつながりも積極的に作っていった。担当部長とはいえ部長には変わりがない。大学教授などのさまざまな専門家に尋ねていき、そうして新たなつながりを構築していったのだ。

つながりの三角形を作りながらネットワークの中心になる

会社の中で出世していると、新しいことを始めようとするときに、若い人を主役にしたくなる場合がある。役員や部長であれば、課長クラスを主役として活動させて成功を目指すような場合だ。

しかし組織ではなく自分自身が何かを始めようとするときには、自分がそもそも主役になる必要がある。自分自身をブランドにするためには、自分が主役になって情報を発信していかなければいけない。

だから主要な人とのつながりを、自分を中心として持つようにするのだ。先ほどの部長の例で言えば、取引先にスタッフとして行動してくれる若手と2人つながることができた。彼らにさまざまな業務を依頼して計画を進めていったが、誰かとつながることだけはすべて自分で行うようにしていた。

たとえば初めて出会う相手であれば、それがどれだけ無名な人であろうとも、彼が最初に訪問し話をしていった。そうして信頼関係を築いた上で、プロジェクトとして進んでいる中の別の人とのつながりを構築していったのだ。それはつながりの三角形を作ることだ。自分だけが知っている二人の人を引き合わせることで、そこにつながりの三角形ができる。人が生み出す成果は、その三角形から生まれてくる、というネットワーク論の本質を彼は理解していた。

現在その計画はまだ進行中であり、どれだけの成果を生み出すかはわからない。しかし少なくとも、彼の新しいキャリアを生み出す一歩になっている。

50代はマネタイズを常に意識する

少々せちがらく聞こえるかもしれないが、50代のカネのマネジメントは、信用をマネタイズしていくことが基本になる。マネタイズとは目に見えないさまざまな価値や経験を実際のお金に換えていくことだ。

バブル崩壊までの50代以上の世代に求められていたものは社会貢献であり、そのためのボランタリーな活動だった。[12] しかし50代からストックを増やすことは時間的にも難しいし、フローを高めるにも借金できるという意味での信用は低下していく。

だからこれまで蓄積した経験を収入に換える手段を常に意識しなくてはならない。

実際に50代から収入を確保することに成功している人は多い。たとえば取引関係のあった会社に、専門分野の非常勤顧問として契約している人が増えている。収入そのものの多い少ないはあるが、若い世代には選べない選択肢だ。

セミナーの講師になったり、あるいはコンサルタントを自称したりする人も多い。そのような選択のすべてが成功するわけではないが、マネタイズできる可能性があるのならそれらすべてにチャレンジしてみるべきだ。

本を出そうとする人も多い。出版はハードルが高すぎると思うのなら、専門誌への寄稿から始めてみることを勧めたい。書く練習にもなるし、そもそも企画を通すためのコツをつかみやすくなるからだ。

またマネタイズを意識することで、新しいつながりが得やすくなるというメリットも大きいだろう。

12 『シニア人材マネジメントの教科書』（﨑山みゆき著、長田久雄監修、2015）

40代からの成功
——目の前の課題解決に全力投球せよ

リスクに備えるために信用を築く

50代よりも若い40代の場合、選択肢はもう少し増える。だからモノのマネジメントももちろん重要だが、それに加えて、カネのマネジメントを意識しなくてはならない。

仮に平均的な健康年齢である70代まで活躍するとして、その間のリスクに耐えるだけの準備をしておくことが望ましいからだ。

そのためにはストックとフローそれぞれを意識していく。中でもコントロールが難しいストックから考えよう。

ストックのマネジメントは貯蓄あるいは金融資産を増やすことが基本となる。ではどれだけの金額を投じるべきかといえば、そのためにはリスクの程度を考えなければいけない。自分自身の経営という意味で、そこで生じるリスクの最たるものはフローの減少傾向だ。

第2章で示したグラフのように、多くの会社では55歳からのフロー、つまり会社から受け取る年収が減少していく。そのリスク度合いを賃金構造基本統計調査に加えて65歳からは年金生活に移る仮定で計算すると平均４％になる。ということは少なくとも年収の４％をストックとして蓄積していく必要があるのだ。

ちなみに統計上では40代はちょうど貯蓄と負債のバランスがとれている年代だ。統計局の家計調査によれば40代勤労世帯の貯蓄平均額は１０３５万円で、負債平均は１０４８万円となっている。その前提となる平均年収は７２７万円なので、このうち４％といえば約30万円。つまり月あたり2万５０００円ずつストックに回していけばよいということになる。

もちろん単なる貯蓄ではなく金融資産に投じることで資産を増やしていくことも考えられる。その具体的な方法は本書の扱うところではないので、ぜひそれぞれの専門書で学んでほしい。

信用を高めるために行う40代からのセルフマネジメントで重要なもう一つの要素、フローのマネジメントはどう考えればよいだろう。

それは単純に支出を減らすということではない。いざというときに借金できるようにしておくことだ。アメリカの例で考えてみるとわかりやすい。アメリカではクレジットスコアという信用調査に基づく数値が全員に適用されている。正式にはＦＩＣＯ Ｓｃｏｒｅというが、３００点から８５０点の点数がそれぞれに付与される。この点数を引き上げる方法は具体的には公表されていないが、概ね６つの要素で決められる。

一つ目が、クレジットカードの限度額のうちどれくらいの割合を使っているか
二つ目が、滞納がないか
三つ目が、自己破産したことがないか
四つ目が、それぞれの契約の長さはどれくらいか
五つ目が、契約の数
六つ目が、信用調査を受けた回数

日本ではクレジットスコアという概念はないが、いわゆる信用調査では同様の項目の確認がされていると言われている。これらを簡単に言ってしまえば、お金を借りて返した実績だ。それがフローのマネジメントだ。

もしあなたが会社経営をしたことがあるのなら、資金を借りる必要もない状況なのに金融

機関から融資の申し出を受けたことがあるかもしれない。それは会社経営において必ず押さえておくべきポイントなのだ。金利を支払ってでも培っておくのが信用であり、それが蓄積されて、いざというときのリスクヘッジになる。この中でも滞納は最悪の結果を招く。なにがなんでも預金残高だけは不足しないようにしておかなければいけない。

ちなみに会社を辞めて転職や独立する際に、先達から必ずやっておくように言われるのが、新しいクレジットカードの契約や、必要に応じたローンの設定だ。たとえば車をローンで買うのなら、会社にいる間に契約しておくように言われる。転職ならまだしも独立や起業の場合には一度信用がなくなると思った方がいいからだ。

ここに示したようなストックとフローのマネジメントは、もし可能であれば30代から始めておくことが望ましい。どのような信用も、一朝一夕には積むことが難しいのだから、期間は長ければ長いほど良い。

40代は会社の中で最も成果を生み出せる世代

40代のモノのマネジメントにおいて、もちろん50代のように会社の外とのつながりを意識していくことは重要だ。特に転職や独立、起業などを考えていくのであれば、自分自身が中心になるネットワークを構築していかなくてはならない。

しかし40代では会社の外と中とをバランスよく両方見ることがさらに重要だ。なぜなら40代は会社という組織の中で最も成果を生み出せる世代だからだ。生物としての人間の体力や知力は年とともに衰えていく。しかし経験によって積み上がっていく能力がある。学術的には結晶性知能というが、蓄積される知識そのものや経験に基づく判断力などを指す。人間が元から持っている能力と、経験によって積み上がった能力のバランスが最も良い年齢が40代なのだ。

だから40代ではとにかく目の前の課題解決に全力を尽くすことを勧めたい。そのためには今つながっている関係を強化する必要があるだろうし、新しい関係も築く必要がある。それらの必要性が目の前の成果と直接的に結びついている状態は、経験をさらに高めるために最高の状態なのだ。成功も失敗も直ちに経験として蓄積され、次の課題解決に活かすことができる。

仮にそれが人事評価や出世に結びつかなくとも、自分自身の中に残る結晶は確実に大きくなっていくのだ。それこそが最高の資産となり、将来のセルフマネジメントの選択肢を増やしていくだろう。

パラダイムを意識する

では40代のセルフマネジメントにおけるヒトの要素はどう考えればいいだろう。ヒトのマネジメントを構成する要素には、価値観、パラダイム、行動規範がある。

40代ではこのうち、パラダイムについてあらためて見直してみるタイミングだ。私自身も40代だが、20代の頃、30代の頃の物の見方、考え方について振り返ることが増えた。なぜなら自分の中で結晶となっている経験によって、それらを別の視点から見直すことができるようになっているからだ。

40代は特にＩＴ進化の前後を知りつつ、その変化に対応してきている最初の世代だ。電話が家にしかなかった時代から大型の携帯電話を持つようになり、やがて携帯電話でインターネットがつながるようになり、スマートフォンが一般化してきた。それらをすべてリアルタイムで経験しているのが今の40代だ。

また40代は好景気の時代も不況の時代も知っている。もちろん50代よりはその落差を実感できないが、その分だけ変化にもうまく対応できた世代だと言えるだろう。

だから変化の中で自分自身のモノの見方や考え方がどう変わってきたのかをあらためて振り返り、そして今どのようなパラダイムを持つべきかを考え直すことを勧めたい。そうすることがこれから訪れるさらなる変化に準備することになるのだ。

30代からの出世——新しい行動規範を自分たちで確立させる

成功も失敗もキャリア（わだち）になっている

私が見ている30代の中で特に成長している人たちには特徴がある。それは自分たちが新しいキャリアの形を作ってきているという自負心を持っていることだ。

たとえばある会社に30代半ばで課長に昇進している人たちがいる。彼らの会社は一時期新卒採用を控えていたため、直下の部下がいない。後輩と少し年齢が離れているため、課長といってもプレイングマネジャーとしての側面が極めて強い。だから部下のマネジメントをはじめとする、組織のマネジメントに習熟できていないというキャリア上のデメリットがあった。

しかし彼らはそのことをメリットとして考え、行動に移してきた。部下がいないから自分で行動しなくてはならない。だからこそ40代、50代の先輩や上司よりも多く働き、自分たちしか積むことのできない経験を積んでいる。

さらに口をあけて待っていても誰かが助けてくれるという意識を持ちようがなかったので、自分たちで積極的に学ぶための行動をとっている。具体的には、経営層に対してジュニアボードの設置を提案し、会社の予算で外部講師を招へいしながら、実際のビジネス上の課題を解決する策を自発的に検討している。人によっては自費でマネジメントスクールに通い、そこで知識とつながりを得ている。

彼らの行動は、本来の意味でのキャリア構築だ。キャリアとは元来、車輪のわだちを意味する言葉だ。乾いた砂漠を走ろうが、どしゃぶりのあとのぬかるみを走ろうが、そのわだちはそこにあるのだ。そして決められたレールを歩んできていないからこそ、自分たち自身のキャリアとしてそこにある。

今はまだ結晶していないそれらの経験は遠くない将来に結晶化し、大きく結実することは疑いようがない。

キャリアモデルなき時代の行動規範

前例のない時代の30代において、セルフマネジメントで重要なことは3つの要素のバランスだと言える。

中でも最初に考えるべきはヒトのマネジメントにおける行動規範だ。

変化の乏しい時代であれば、行動規範についてのモデルがあった。いわゆるキャリアモデルと言われるものだ。会社の中で言えば、○○課長のようなプロフェッショナルになりたい、とか、□□部長のようなマネジメントをしたい、とかいうようなものだが、今の30代の人たちにとって目指すべきキャリアモデルは乏しい。

ともすればぶらさがりしがみついているように見える50代や、バブルの名残を持っていてい加減さが目立つ40代の人たちを見ていると、それらはああなってはいけないというキャリアモデルのアンチテーゼとなっている場合もある。

だからこそ、自分たちの行動における規範を、自分たちが持たなければいけない。

ではモデルがない状態で行動規範を持つとすればどうすべきか。すでに自分の中に結晶化している価値観やパラダイムがあればそれに従うべきだが、すべての30代の人にそれらが備わっているわけではない。

キャリアモデルがなく、自分自身の価値観やパラダイムが明確でない場合、行動を定めるのは5年から10年先の自分自身の理想の生活だ。

それはできるだけ具体的で、少しバカバカしい方がいい。

たとえば今40代半ばのある会社の上級研究者は、30代の頃に先輩や上司のほとんどがリストラされたり転職してしまったりした。気がつけばその専門分野に限って言えば実質的なトップになってしまっていたのだ。しかし管理職の権限は与えられず、予算も縮小され、目指すべき研究成果もあいまいになってしまった。先輩たちに続いて自分自身も転職することを考えたが、彼はそこで思いとどまり、10年後の生活をこう思い描いた。

①まずどこの会社なのかは別として、研究予算を自分で申請し確保できること。
②単純作業を任せられるスタッフが少なくとも2名いること。
③研究の結果が商品となっていて、売上と利益を生んでいること。そのことについて社長から感謝されていること。
④好きなだけ働く日もあれば、まったく働かずに息抜きできる日もあること。
⑤趣味に好きなだけお金を使えること。それだけの給与をもらっていること。

これらを適当に考えて書き記したあと、彼はどこから手をつけるかを考えた。そしてまず最初に③から実現しようと考えたのだ。予算がなくてもスタッフがいなくても、働く時間の自由がなくても、十分な給与じゃなくても、まず商品を作ろう、と。

彼が一人になって最初に手掛けた商品は失敗した。しかし研究者が商品を作ろうとしていること自体が他の部署に影響を与え始めた。営業から顧客ニーズについての情報が入るようになり、大幅に縮小された製造部門からはコスト削減の助言を得られた。そうして少しずつ売れるものができていった。今彼は課長級の研究者として①の予算、②のスタッフを獲得している。④と⑤は満足いくレベルではないが、たまには実現できていて、それが彼のモチベーションを維持しているようだ。

情報発信でつながりを作る

30代はやり直しがきくタイミングだ。だからカネのマネジメントをしているに越したことはないが、まずは失敗していなければよい。

他の世代と違うポイントは、モノのマネジメントにおけるコミュニケーションだ。40代や50代になっていくと、コミュニケーションは聴くことが中心になっていく。他者の意見を聴き、自分のものにしながら、聴くことそのことによってつながりを構築していく。

しかし30代では聴くよりも発信する方に力を入れなければならない。なぜなら、組織の中でキャリアを積んで40代や50代になっていれば、それなりに実績が積まれていて、他の人に知られているからだ。しかし30代であればまだ十分に知られていない可能性が高い。だから自分自身が何者なのかを発信していくことが、30代におけるコミュニケーションのポイントとなる。

特に30代が発信し、知られるべき相手は複数の世代だ。そのために第1章で示したさまざまな選択肢、たとえば残業や異動、転勤の受け入れ、人事面談でのアピールや飲みニケーションが一番有効に活用できるのが30代だ。

上の世代との付き合いは、彼らの価値観にあわせて行動した方が受け入れられやすい。そうして彼らとの距離を縮めていく。価値観を共有する必要はないが、少なくとも自分にどんな専門性があり、どんな経験を積んでいて、どんな価値観を持っているのかを知らせていくことが重要だ。情報発信の主な対象はまさに上の世代なのだ。

同世代との間では情報発信しつつも、聴くことも必要だ。発信し聴くことでそれは議論になる。議論は課題を浮き彫りにして方向性を示すようになる。モデルなき世代の行動規範はそこから生まれてくるだろう。

下の世代に対しては若干発信を控えつつ、聴くことを考えよう。普通の30代は、下の世代に発信して、上の世代の話を聴くことが多い。ちょうどその逆を心がけるようにするということだ。

自分が何者なのかが知られていけば、そこにつながりが生まれる素地ができる。自分からつなごうとするだけでは時に変化に対応しきれない場合がある。しかし知られていれば、他者からつながろうとしてくる機会が増えるのだ。その準備は30代から始めなくてはならない。

20代からの出世――「経験を増やす」ことに注力せよ

早い時期の経験を増やす方がリターンは大きい

20代はビジネスにおけるキャリアのスタートだ。そして最も選択肢が多いタイミングでもある。たとえば成功している経営者の多くは20代で起業している。また成功した転職もその多くが20代だ。

大手インフラ企業を1年で辞めて転職し、その後幾度かの転職と起業を経て、自社を上場させた40代の経営者がいる。まさか1年で誰でも知っているような大企業を辞めるなんてもったいない、と多くの人が忠告したが彼の決意は揺るがなかった。

そこまでの成功者でなくとも、最初に入った会社を3カ月で辞めて公務員となり、今では妻と生まれたばかりの子どもとで、ワーク・ライフ・バランスがとれた生活を送っている30代前半の人もいる。

20代で最も重要なセルフマネジメントアビリティ。それは自分自身というヒトのマネジメントにおける、価値観でありパラダイムであり、行動規範だ。それらを総称したキャリアアンカーが最も重要なのだ。もちろん20代でキャリアアンカーは確立していない。提唱者であるシャインの定義では少なくとも10年の経験が必要だとしている。

しかし一度社会に出て3日だけでも働いてみると、学生時代にわからなかった「働く」ということがおぼろげながらでもわかってくる。そうして日々を重ねながら、自分自身がその働くということにどれだけ魅力を感じられるかを考えていくようになるだろう。そこでもし、違う、と感じたのならすぐにでも方向を変えた方がよい。年上の世代は一様に少なくとも3年は勤めろと言うだろう。しかし場合によっては3年をムダにする必要はない。自分なりに見極められたと感じた時点で行う方向転換であれば、それはどれだけ早くとも構わないのだ。

なぜキャリアの初期にキャリアアンカーを意識するのかといえば、その後の経験を効率的に積むためだ。自分のキャリアアンカーが「専門性を高めること」だと気づいた時点で専門的でない仕事からは外れて、専門的に働ける職場を選んだ方が効率が良い。「新しいものを生み出すこと」がキャリアアンカーであれば、マニュアルが定着している仕事よりは自分で決めていかなければいけない仕事を選ぶべきだ。そうして自分が積みたい経験を定めて、それらを効率的に得ていかなければいけない。

経験を効率的に増やすために「ルーチンワークを徹底的に減らす」

経験を効率的に得ていくための方法は二つある。その一つ目が効率化だ。

20代で働くときには新しい仕事がほとんどだ。それらを覚えて熟練していくことが経験を積んでいく一環となるのだけれど、仕事はルーチンと非ルーチンに分けることができる。たとえば経理事務であれば仕訳情報の入力を毎日行ったりすることはルーチンになる。また月次や四半期、年度ごとの決算業務の大きな意味でのルーチン業務だ。営業であればルートセールス活動や受注書の作成などがルーチンになる。

さまざまな職種にルーチンワークは存在する。本質的に、ルーチンワークというのはなくてはならない重要な仕事だ。重要だからこそ一定周期で遂行する必要があるのだし、適切に実行するための手順がはっきりしている。

20代で覚えるこのルーチンワークを、覚えた時点から徹底的に減らすことを考えて実践してほしい。そのために、手順を減らすことと、品質確認を自動化することをまず意識してほしい。この方法は業務改善の基本的な考え方でもある。

手順を減らすことはその分だけ作業時間の短縮につながる。

たとえばエクセルを使った毎月の営業数値分析をしなければいけないとしよう。作業を始めた時点では個々の数値データをひろってきて入力し、そこからグラフを作成して見やすく加工したりするだろう。そして上司に確認してもらってから、フォーマットにあわせてプリントアウトし、ホチキス止めをして営業会議で配布する。

この手順のどれかを削減するとすれば、まずフォーマットの標準化を考えてみる。そのためには、エクセルシートを入力用、出力用にそれぞれ区分してしまえばよい。データ入力は入力用シートに集中して打ち込んでいくのだ。そして入力が終わった時点で、出力用シートには分析結果と、それに基づくグラフが自動生成されているようにすればいいのだ。

そもそもフォーマットを標準化していれば、上司の確認も簡単に済む。そしてその都度のチェックも減るので実際の営業資料としてプリントアウトするまでの時間は大幅に短縮されるだろう。

ルーチンワークは間違えてはいけない仕事が大半だ。課題分析や企画業務などでは80％の品質であってもまずは叩き台を作ることが優先される場合がある。しかしルーチンではそうはいかない。仕訳の相手方科目が間違えていては二度手間になるし、入力した数値が正しく処理されていなければ誤った判断を導くことになる。だからルーチンワークの正確性を確保するために、複数段階のチェック作業を行う場合がある。個人が行うだけでなく、稟議という形で複数の人の手を経ながら確認する方法もある。

これらを減らすことを考えて実践しなくてはならない。先ほどの例で言えば、エクセルシート上にチェック計算項目を付与する方法が考えられる。たとえば入力シートの中に未入力のセルがあるかどうかを常に可視化する関数を設定することは可能だし、通常と異なる桁数を間違えて入力してしまわないような確認を自動化することもできる。

稟議については、とりあえず知らせておく、という相手先を減らすだけで決裁までの期間は大幅に短縮されるだろう。

このような効率化のための行動は、その人の行動規範を変える。時間をかけてでも正しい結果を丁寧に導く、という行動から、できるだけ短い時間でもっと正しい結果を導く、というように。そうして時間を余らせていければ、その時間で別の経験を積むことができるようになる。

漫然と指示に従って丁寧に仕事していてはいけない

より良い経験を積むためには漫然と指示された仕事に従ってはいけない。言われたとおりに時間をかけて丁寧に仕事をする習慣がついてしまうと、将来のキャリアは積みづらくなるのだ。

たとえばある会社の人事課長は、残念ながらそのように育ってしまっていた。人柄も良く安心感があるのだが、言われたとおりにそのまま作業してしまうのだ。たとえば社長から、評価制度にもう少し専門性やスキルを確認できるような指標を入れるように指示されたことがある。課長は素直にその言葉に従い、まず各部署に必要な専門性をあげてもらった。そうしてそれらをまとめて、今使っている評価シートにもう一枚加える形で専門性の評価シートを作成し、運用を始めてしまっていた。

結果として現場では不満が噴出した。評価をする側は、専門性の評価結果と通常の人事評価との関係がはっきりしていないし、そもそもどちらのウェイトを重視するのかわからない、と不満を示した。従業員側からは特に結果を出しているトップクラスの人材から、じゃあ結果を出さなくても専門性を伸ばせば給与が増えるのか、それだったら何のために結果を出すために頑張っているのかわからない、という不満が出た。

社長の指示の本質は、成果につながる専門性について意識を高める程度のものだった。しかし言葉通りに受け止めてそのように作業をしてしまったので、結局社長にも叱責を受けることになってしまった。

重要なことは、指示された仕事の背景にあるニーズを理解することだ。わからなければ徹底して聞かなければいけない。

さらにすぐに作業に入らない癖をつけておくべきだ。ニーズを踏まえて、じゃあ他の会社ではどうしているのか、先進事例はあるのか、そもそも体系的に定義しているようなスキームはないのか、というようなことを確認するべきなのだ。それはニーズを踏まえて自分自身の中で学ぼうとする習慣をつけるということだ。

そしてそのあとでようやく実践に移す。ニーズを踏まえて学びを徹底していれば、実践している内容が間違える可能性は少なくなる。そして単に作業をしただけではない経験が蓄積されることになるだろう。

自分の経験を増やすために「消費する」

20代で最も重要なことは経験なのだから、カネのマネジメントにおいても経験を増やすことを意識していく。成功している人たちが20代で行っているのは、経験を増やすために消費をしていることだ。それらは投資とも言えるが、蓄積されている状況は目に見えない。だから開き直ってしまって、消費、ととらえてしまう方がよい。

経験を増やす典型的な消費は、他人とのつながりのためのものだ。今持っているつながりを維持し強化するための消費と、新しいつながりを作るための消費に分けることができる。

世代ごとに「今何をすべきか?」を考える

意識すべきセルフマネジメントアビリティ

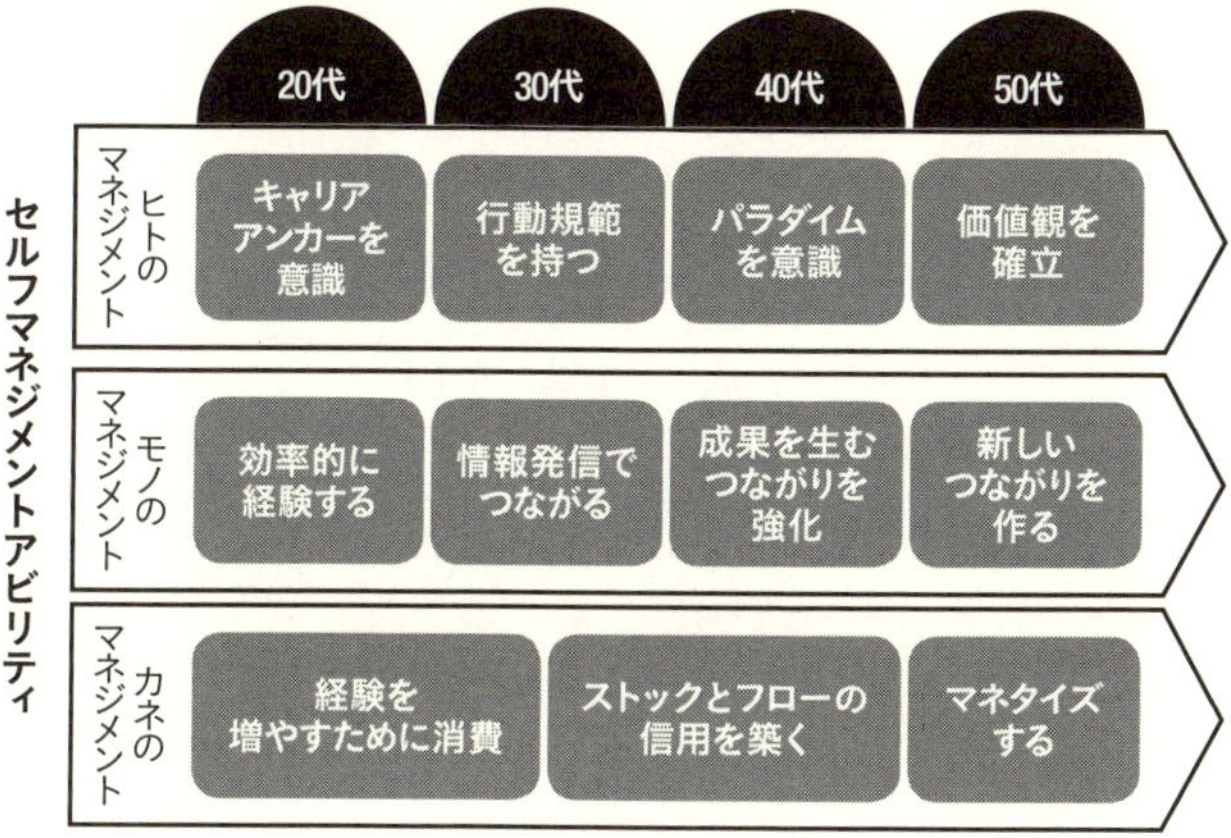

今持っているつながりを維持し強めるためには、単に定期的に集まるだけでもよい。飲み会でもいいし、趣味の集まりだって構わない。

新しいつながりのための消費は、まじめなもので言えばセミナーへの出席などがあるが、新しい趣味を始めるとかでも構わない。そうして日々の行動が変われば、出会う人も変わる。そのことがつながりに結びついていくのだ。

経験を増やす消費のもう一つは、行動を変えるためのものだ。自分の中であたりまえになっている行動があれば、それを変えるために消費をしてみよう。それらは簡単なことで構わない。たとえば毎日の夕食を外食で済ませているのであれば、自炊のためにキッチンセットを買いそろえてみる。電車通勤があたりまえであれば、自転車通勤のために乗りやすい自転車を購入し、会社のそばの自転車置き場の契約をしてみる。

これらの消費は結果として単なる消費で終わってしまうことも多いだろう。しかし一時的にでも行動を変えるきっかけとして機能していれば、それは十分な経験となっていく。

経験を増やすための消費は20代だけでなく、30代でも続けていくことで、新しいつながりと行動を得やすくなるだろう。

おわりに――マネジメントを自分のものにする

誰もがいつかは会社の外に出る。

だからこそ自分自身をマネジメントできるようになろう。

人事評価制度を作ったり、マネジメントスクールで講義をしたりする中で、そんなメッセージを強く発信する必要性を感じてきた。会社の中での出世はたしかに重要な選択肢だ。でもそれだけが成功ではない社会になりつつある。

働く私たちを取り巻く環境はまるで大河の流れのようにゆるやかに変わっている。

ＩＴが進化し始めたとき、私たちはそれが働き方にそんなに大きく影響するとは考えていなかった。なぜならＩＴが大きく進化し始めた１９９０年代前半にはバブル崩壊の影響があまりにも大きかったからだ。だから私たちはＩＴの進化というとなにか便利な世の中になってきた、という程度の理解しかできていなかった。しかしＩＴの進化は確実に、私たちの生活を変えていった。仕事のすすめ方を変え、働き方を変え、人とのつながり方を変えた。

やがて一律だった会社の組織風土も多様化し、私たちの生活そのものもそれにあわせて個々別々となってきた。

もう一つの大きな変化はさらにゆるやかで、私たちにとってはあたりまえすぎて実感できなかった。それは自由度が広がることだった。今私たちは、人類の歴史上ありえないほどの選択肢を持っている。自由だからこそ都市に移り住むし、自由だから好きな人と付き合う。そうして都市への一極集中や少子高齢化が進んでいる。本質的にこれらの問題を解決するには、自由を制限する以外に方法はない。そしてそのような制限は不可能だ。

ゆるやかな変化は戻すには長い時間が必要だ。それは実質的に戻すことができないということでもある。

少なくとも私たちの子どもの世代には、技術はさらに進化してその存在を意識することが減り、個人の自由度も高まる。その時には働き方や生き方はさらに変わるだろう。

その時代に備えて、私たちにできることがある。それは変化を理解し自分のものにすることだ。過去に何が起きて今が生まれているのかを知り、今何が起きているから将来に何が起きるのかを想像することだ。

変化の中で自分自身の価値観を知り、物の見方と行動を意識する。経験を増やすだけでなく、あらゆる経験に意義を見出す。そして信用力を蓄積してゆく。

セルフマネジメントとはそのための手法なのだ。

平康慶浩

第3章、第4章で提示した
セルフマネジメントアビリティについて、
簡易診断サイトをご用意しました。

興味のある方は
ご自由にアクセスしてみてください。

▼

http://www.sele-vari.co.jp/sma

平康慶浩　ひらやす・よしひろ

人事コンサルタント。1969年大阪生まれ。早稲田大学大学院ファイナンス研究科MBA取得。アクセンチュア、日本総合研究所を経て、2012年よりセレクションアンドバリエーション株式会社代表取締役就任。大企業から中小企業まで130社以上の人事評価制度改革に携わる。大阪市特別参与（人事）。著書に、『出世する人は人事評価を気にしない』『7日で作る新・人事考課』『うっかり一生年収300万円の会社に入ってしまった君へ』がある。

日経プレミアシリーズ｜295

出《しゅっ》世《せ》する人《ひと》は一《いち》次《じ》会《かい》だけ参《さん》加《か》します

二〇一五年十一月 九 日　一刷
二〇一五年十一月十七日　二刷

著者　平康慶浩
発行者　斎藤修一
発行所　日本経済新聞出版社
http://www.nikkeibook.com/
東京都千代田区大手町一―三―七　〒一〇〇―八〇六六
電話（〇三）三二七〇―〇二五一（代）

装幀　ベターデイズ
組版　マーリンクレイン
印刷・製本　凸版印刷株式会社

ISBN 978-4-532-26295-2　Printed in Japan

日経プレミアシリーズ265

出世する人は人事評価を気にしない

平康慶浩

仕事が速くて正確、率先して業績を上げる、周囲の信頼も篤い……人事考課で高い評価を得る人が、なぜ会社の中で冷や飯を食うことになるのか？　「使う側」と「使われる側」の壁を理解することで、組織におけるキャリアの本質は見えてくる。人事評価の本当の意味と昇進のしくみを紹介、会社員のキャリアの築き方を指南する。

日経プレミアシリーズ269

ハイパフォーマー　彼らの法則

相原孝夫

なぜ「彼ら」は、継続して高い成果を上げるのか。さまざまな業種、多くの企業のハイパフォーマーを分析すると、そこには5つの共通する思考特性、行動習慣があった。偶然の成果を喜ばない、小さな行動を繰り返す、身近な人を支援する……。通俗的な「成功法則」からは知り得ない、彼らの実像に鋭く迫る。

日経プレミアシリーズ273

知らないと危ない、会社の裏ルール

楠木　新

終身雇用・年功序列は終わったと言われても、日本の組織、会社は劇的には変わらない。「懲戒処分より恐ろしい仲間はずれ」「永久に不滅の親分―子分構造」「組織を動かすボタンの場所と押し方」――。円滑に仕事を進めるために、誰もが知っておくべき、一般の経営書が教えてくれない本当の組織論。